Mammouth

À mon Poulet
Croq ... Sache que

Témoignage famille de parrainage

novum pro

Ce livre est également disponible en version e-book.
www.novumpublishing.fr

Print product with financial
climate contribution
ClimatePartner.com/16547-2311-1001

EN PLEINE ÉCRITURE - 30/1/21 4:12 AM

« Toute suite, interprétation, appropriation de l'histoire et/ou des personnages, fictives ou non, sans l'accord explicite de l'auteure est passible de poursuites judiciaires tous pays confondus. »

Merci à ma maison d'édition pour sa confiance.

À mon *Poulet Croq'*, sache que…

À *Papours* & *Taty Choupy*.

À *Laïla O.*, merci pour ta bienveillance, patience, tes recommandations et autres conseils avisés !

***Godmother** (Marraine) : nom féminin.*
Celle qui préside au lancement d'un navire afin de l'accompagner
lors de son premier contact avec les flots.
Déf. Google©

L'intégration de cette définition-là m'aurait
probablement évité bien des déboires…

Sommaire

1. Bienvenue dans mon Royaume !

Non pas le château de princesse, mais bien le *Royaume* tout entier !

J'aurais préféré démarrer cette histoire par « *Il était une fois* » et la terminer par « *Ils vécurent heureux* », mais elle n'a rien d'un conte de fée, donc je m'abstiendrai !

Vous avez entre les mains un « *Story Time* » (tranche de vie) basé sur une « *True Story* » (histoire vraie) comme disent les jeunes de nos jours... Je m'adapte !

Bien qu'inspirées de faits réels, certaines informations ont été modifiées afin de garantir l'anonymat.

Toute ressemblance avec des endroits et des personnages existants ou ayant existé ne serait que... « pure coïncidence ».

Avertissement :

Aux familles de parrainage, ne comparez pas cette situation à la vôtre, chaque histoire est unique, chaque enfant l'est également. Vous disposez d'un témoignage parmi tant d'autres.

À ceux et celles qui jugent, fustigent, critiquent : je ne peux en tenir compte car d'une part, on ne refait pas le passé et d'autre part, personne n'a été amené à « porter mes chaussures » comme on dit.

Ce témoignage authentique est à lire avec du recul. Il n'existe pas de prétendues familles parfaites ; nous faisons simplement de notre mieux, un point c'est tout.

***

En parlant de jeunesse, dans ce *Royaume*, les lutins qui y vivent évoluent généralement au sein de leur famille de naissance, mais il se peut que, pour une raison ou une autre, un système alternatif soit mis en place pour certains enfants ; tels que *l'adoption plénière* ou *simple*, *l'accueil*, *l'accueil d'urgence* ou le *parrainage*. C'est précisément dans ce dernier cas de figure que notre histoire se situe.

Bien décidée, après mûre réflexion, je me relance dans l'aventure du *parrainage* ; offrir une « *bulle d'oxygène* », **un temps de pause ponctuel un weekend par mois en moyenne à un lutin,** est pour moi une évidence ; l'une des assistantes sociales m'a dit un jour :

« *Vous savez, nos lutins n'ont besoin que d'un "tiroir" et de beaucoup d'amour* » ! J'avais saisi l'idée.

Sur le papier, tout me semblait bien rôdé ! D'autant plus que j'avais déjà été famille *de soutien* pour des jumeaux. Me relancer dans l'aventure ne devrait pas poser trop de problèmes. Cette décision est si importante à prendre qu'elle nécessite d'être mûrement réfléchie. Le *parrainage* d'un lutin peut s'étaler parfois sur plusieurs années et s'arrêter brusquement (émotifs *level* +++ s'abstenir !).

J'émettais deux conditions : je voulais entrer le plus tôt possible dans la vie de cet enfant et éviter toute ressemblance physique. Une manière en quelque sorte d'imposer une *barrière naturelle* entre nous afin d'éviter toute confusion de la part des habitants du *Royaume* mais également du lutin et de moi-même...

Situation sans équivoque dès le départ : j'étais et resterais la *Marraine*, et non la *Maman* de cet enfant. Rien ni personne ne remplacerait sa mère...

Je voulais que tout soit prêt pour accueillir au mieux ce petit ou cette petite. Chaque mois, je me procurais du matériel de puériculture neuf ou d'occasion, sans savoir sur quel type de lutin je tomberais... Une poussette, un siège auto, des vêtements, des jouets, une baignoire, des livres, une draisienne, une chaise haute... Motivée comme jamais, je voulais m'assurer qu'il ou elle ne manque de rien ! Avoir tout à disposition simplifie la vie.

J'avais opté autant que possible pour des objets évolutifs ayant pour double avantage de s'adapter au mieux à l'âge du lutin et à son évolution ! De plus, c'est économiquement plus intéressant... et c'est un gain de place. Ce compromis convenait au mieux à mes besoins.

***

J'entre donc mon dossier de candidature auprès du *Service* de parrainage, plus décidée que jamais. Une multitude de questions personnelles me sont posées, selon la procédure. Je me rends également chez mon médecin de famille afin qu'elle me fournisse une « *attestation de bonne santé* » si je puis dire...

Un test psychologique est également prévu. Je me demande, et cet avis n'engage que moi, sans jugement aucun, si un jour les familles de naissance du *Royaume* seront également amenées systématiquement à devoir passer des tests « *d'aptitudes parentales* » ? Et si oui, existera-t-il des écoles ou des formations de remise à niveau pour toutes les familles sans distinction aucune, afin d'apprendre à devenir un *parent équilibré, bienveillant et aimant, pour le bien-être de l'enfant* ?

Simple question d'équité...

Médicale ou psychologique, chaque épreuve passée par la famille de parrainage, cette *famille de soutien*, nous rapproche un peu plus de notre objectif, mais risque à tout moment de nous en éloigner définitivement, si près du but. D'autre part, je comprends la volonté du *Royaume* de s'assurer, dès la sélection, de l'équilibre, la constance, l'implication et de la cohérence des *familles de soutien* auxquelles les lutins déjà fragilisés par la vie seront confiés.

L'analyse de la stabilité et de l'équilibre des citoyens *bienveillants amenés à accueillir des enfants chez eux,* au-delà de leur simple bonne volonté de vouloir apporter de l'amour et un peu de soleil dans leurs vies, est une étape non négligeable, incontournable et primordiale !

Mon dossier complet et en ordre sous le bras, c'est confiante que je me rends à l'assemblée. Nous sommes assez nombreux, mais je sais d'avance que tous les candidats au *parrainage* ne seront pas sélectionnés et que pour certains, l'aventure s'arrêtera déjà.

Je sais également que plus tard, par épuisement, des familles engagées dans l'aventure du parrainage seront contraintes d'abandonner, de gré ou de force, en cours de route, lorsque la situation sera devenue incontrôlable…

L'attente me semble très longue avant de recevoir un appel du *Service* de parrainage m'annonçant que ma candidature a été retenue… Mais le délai l'est encore plus avant de savoir qu'un lutin pourrait prochainement entrer dans ma vie. Je ne le connais pas, mais une chose est certaine, *je l'aime déjà*.

Un beau jour, enfin, un appel du *Service* de parrainage.

— *Bonjour Madame, je vous contacte pour vous annoncer que nous avons un lutin à vous proposer pour votre projet…*

Son âge ne correspond pas à mes critères… Aïe…

Silence (déception ?) …

Mon interlocutrice se reprend et s'excuse ; elle m'explique qu'elle s'est trompée de dossier. Le lutin qui m'est destiné a trois ans et se trouve dans une nurserie non loin de chez moi…

Silence…

Et de rajouter :

— *Par contre, vous qui ne vouliez pas qu'il vous ressemble, il vous ressemble comme deux gouttes d'eau !*

Je n'oublierai jamais cette dernière phrase. Je fonds !

C'est fou la place qu'il y a dans un cœur capable d'aimer à l'infini ! L'amour aveugle.

Oui, j'aurais préféré que l'on n'ait aucune ressemblance physique afin d'éviter toute confusion ; la vie en a décidé autrement et c'est bien comme ça également ! J'accepte cette proposition

avec grand plaisir, car après tout, on ne choisit pas un enfant
« *sur catalogue* ».

Si mes souvenirs sont bons, j'avais un délai de réflexion avant
de rencontrer le lutin en question… Je ne m'en souviens plus.
Ma décision était déjà prise. L'amour absolu est un sentiment

inexplicable et ce, même pour un enfant auquel je n'ai pas donné la vie et que je ne connais pas encore !

Quelque chose me dit qu'on est liés à jamais et que l'on s'aime déjà pour l'éternité !

17

***

2. *Rencontre !*

7/05/2014

Cher Journal,

« J'ai acheté un album photos pour le p'tit d'homme, vendredi, je l'accueille pour la première fois ! :) J'ai hâte et peur en même temps… J'espère que le courant passera bien entre lui et moi. »

Tout est prêt pour le recevoir. J'ai un petit studio, mais modulable à souhait, et surtout rempli d'amour. J'ai hâte d'accueillir ce petit être chez moi, dans mon cœur et dans ma vie ! J'ai baptisé mon appartement « *Le Cocoon* ».

Je suis un peu stressée, je n'aurai pas deux fois l'occasion de lui faire bonne impression.

Deux assistantes sociales escortent cette *mini célébrité* ; si mes souvenirs sont bons, elles étaient déjà venues visiter *Le Cocoon* afin de s'assurer qu'il était conforme à l'arrivée d'un enfant. Tout est en ordre, sauf la terrasse, sur laquelle il est évident que le petit ne pourra pas se rendre seul.

Je n'oublierai jamais la rencontre avec cet être miniature, lorsque j'ai ouvert la porte et découvert cet oisillon tombé du nid… Tu étais si petit… Tu t'es caché derrière l'assistante sociale, poussé par la curiosité de me voir, mais retenu par la peur de *s'aimer*.

J'avais préparé un petit goûter, ensuite, les assistantes sociales s'en sont allées, nous laissant seuls tous les deux. Beaucoup trop d'émotions d'un coup, une sieste s'imposait. Tu t'es endormi confiant et paisible, tel un angelot posé sur un nuage. Je t'ai ensuite reconduit à la nurserie.

Le *parrainage* se passe progressivement : un mois plus tard, je viens te chercher pour passer un « *petit weekend* » ensemble. Cet intitulé n'est pas une simple expression, mais signifie que tu ne passes pas un weekend entier au *Cocoon*. Adaptation progressive oblige…

Je voulais équilibrer au mieux des activités en extérieur et des moments plus calmes à deux à la maison, pour continuer d'apprendre à nous connaître. Je ne suis pas encore maman et ne dispose pas non plus de manuel pour devenir *Marraine émérite* !

Je suis en *écolage* et fonctionne à l'intuition, navigue aux instruments… à la débrouille. En phase d'apprentissage tous les deux, nous sommes en observation l'un de l'autre. J'essaie de m'adapter à toi… et je suis sûre que, derrière tes trop nombreux sourires, tu es en train de me déchiffrer, du haut de tes trois ans. *Qui est cette nouvelle dame, qui entre subitement dans ta vie en te consacrant du temps rien que pour toi ?* Bien sûr, je t'avais envoyé une photo de moi avant notre première rencontre, afin que tu puisses te faire à l'idée que tu me reverrais souvent… Tu as pu mémoriser le moindre de mes détails. Encore te fallait-il enregistrer ma voix, mes expressions, ma gestuelle, apprendre à anticiper mes réactions… Tout cela est nouveau pour toi, et pour moi également ! Tout ce que je sais, c'est que tu es un merveilleux cadeau de la vie !

***

3. Premières expériences !

Ton sourire, ta politesse, ta gentillesse m'interpellent...

Sans aucun doute, nous sommes en pleine phase de « *lune de miel* ». Je savais bien que cette opération « *séduction* » apparaîtrait à un moment ou un autre de notre processus d'apprentissage...

Après ta sieste, je t'emmène, *sac au dos*, pour une petite promenade ; tu découvres les transports en commun, le monde, les magasins, les passages pour piétons, les rails du tramway... Tout éveille ta curiosité ; c'est un plaisir de te voir t'émerveiller ! Je t'explique ce que tu vois, entends, ce que tu ne comprends pas. Je réponds à chacune de tes questions, tout en respectant ton rythme...

En rentrant, je te propose une routine réconfortante et rassurante, toujours la même pour des années ; un « *grand bain* », un repas, une histoire sur les sons des oiseaux, et te voilà parti au pays des rêves.

Dors bien, petit d'homme. Je veille sur ton sommeil.

Go réveiller Marraine à 06 : 00 du matin un samedi !

Cependant, j'ai bien envie de régler l'heure de ton réveil naturel, car pour la marmotte que je suis, se lever à l'aube un weekend n'est pas compatible ! Ce n'est pas parce que tu es réveillé que je le suis forcément, ni même que c'est une heure pour entamer la journée ! :)

Je te propose une nouvelle expérience de vie, celle d'un barbecue entre amis. Te voilà présenté à mes proches, et le contact est immédiatement bien passé. Nous sommes en pleine Coupe du Monde ; l'ambiance est festive. Tu n'aimes pas le foot, mais apprécies notre euphorie !

Je remarque que tu tombes régulièrement. Tu perds facilement
l'équilibre ; te voilà basculant en arrière en moins de temps qu'il
n'en faut pour le dire, et ta chute amortie par... un tas d'orties !
Depuis cette expérience, tu crois toutes les plantes piquantes,
et tu as appris à t'en méfier. Petit à petit, je t'invite à les observer, les comprendre et les différencier.

La Petit Prince - Antoine de Saint - Exupéry

Deux mois plus tard, tu commences lentement mais sûrement
à prendre tes marques ; je veille à créer des *rituels* sécurisants,
toujours les mêmes, afin que tu puisses prendre tes repères

sans difficultés ni imprévus, et du haut de tes trois ans, être le plus autonome possible ; ça t'aide à développer ta confiance et te permet d'être fier de ce que tu accomplis. De plus, nos rituels te rassurent.

Quelques expériences restent pour toi difficiles à traverser, telles que « *l'épreuve* » du miroir à la sortie de ta douche et le passage à table. Te regarder dans la glace est très douloureux pour toi ; mon cœur de Marraine se serre le jour où, du plus profond de ton âme et au bord des larmes, face à ton reflet, tu profères distinctement, du fin fond de tes tripes :

— *Oh mais qu'est-ce qu'il est moche Xxxxxx !*

Mon cœur de Marraine se fend, se brise, se casse en deux. Ton reflet ne te donne pas satisfaction ; je t'apprends progressivement à te regarder bien en face, à apprécier celui que tu vois dans la glace et à prendre confiance en toi, soin de ta personne.

Tes cheveux et ta peau de lutin ont des besoins *ethniques* spécifiques ; nous t'apprenons patiemment, *Taty Choupy* et moi, à les entretenir avec des produits naturels adaptés, des coupes qui te vont à merveille et font de toi le *BG* (beau gosse) que tu arriveras à apprécier au fil du temps. De plus, le fait d'être bien dans ta peau te permet de respecter la valeur d'autrui par là-même.

Te « *surcoter* » écrase les autres, te « *sous-coter* » te diminue auprès d'eux. Alors qu'il n'existe personne au-dessus ni en-dessous de toi. Tu vaux autant que tout un chacun, ni plus, ni moins. En s'estimant à sa juste valeur, on le comprend. En prendre conscience est déjà un bon début !

De plus, le fait de voir ici des petits garçons qui te ressemblent, des enfants originaires des « quatre coins du Monde » (je n'ai jamais compris cette expression) t'offre un panel de diversités enrichissant, et t'aide à admettre que nous sommes différents les uns des autres, que chaque ethnie a ses besoins spécifiques, pour prendre soin de soi par exemple... mais que tous se respectent et que toi, mon p'tit d'homme, tu fais pleinement partie de cette collectivité, *avec tes singularités*. Tu n'es ni trop, ni pas assez. Ne remets jamais en doute ta *légitimité*.

Un jour, tu me confies qu'une dame présente à ton école t'a fait une remarque déplacée lorsque le ballon dans lequel tu as frappé a renversé son sac accidentellement. Elle s'est approchée et t'a dit :

— *Fais attention ; mon sac a bien plus de valeur que toi !*

Tu n'as pas saisi l'intensité de la *violence* de cette phrase, que tu pensais drôle initialement… Lorsque je t'ai expliqué, avec des mots adaptés, le sens du message passé par cette dame, j'ai ressenti ta peine. Je ne te le redirai jamais assez, tu n'as pas moins de valeur que quelqu'un, que quelque chose d'autre ! D'où l'importance d'apprendre à t'accepter et à te respecter tel que tu es, ainsi que les autres pour ce qu'ils sont. Quant aux personnes ne correspondant pas à tes principes et à tes valeurs, laisse-les de côté. Entoure-toi de ceux qui te sont bénéfiques.

Je mets un point d'honneur à t'aider à t'aimer et te respecter avant tout.

Je suis régulièrement en contact avec ta *nurserie* pour donner par missives électroniques des nouvelles de ton adaptation en famille de *parrainage*. Inconsciemment, j'ai peut-être besoin d'être rassurée, de savoir que je fais bien les choses et que mes programmes te conviennent. J'ai envie de faire de mon mieux. S'occuper de l'enfant d'une autre est tout de même délicat. J'aspire à ce qu'il ne t'arrive rien, tout en ayant conscience qu'il n'existe pas de « *cloche en verre* » pour y placer les enfants afin de les protéger au mieux.

Je dois donc me résoudre à te faire découvrir le Monde sans *papier bulle* autour de toi. Apprendre à nous faire confiance mutuellement. Je te promets qu'il ne t'arrivera rien, que l'on formera une équipe solide à nous deux et qu'ensemble, nous y arriverons. Pour cela, j'ai besoin de ton concours, seule je n'y arriverai pas.

Exactement comme l'illustre parfaitement cette célèbre citation du film de Jean-Pierre Jeunet :

« (…) *Tu n'as pas les os en verre, tu peux te cogner à la vie.* »

(« *Le fabuleux destin d'Amélie Poulain* » - 2001) Mon Dieu, ce film est déjà vingtenaire !

Cognons-nous à la vie à nous deux, mon lutin !

Trois ans, j'estime que c'est un bel âge pour tes premières découvertes !

Une réunion au *Service* de parrainage est prévue ; tu y es également convié. Je ne sais pas ce que je dois y raconter... Après ça, je t'emmène goûter le long du canal près de chez moi, il fait trente-quatre degrés, l'air est irrespirable ; j'ignore pour quelle raison je me rappelle cet instant précis dans les moindres détails.

Lorsque nous sommes arrivés, tu dormais *à poings fermés* confortablement installé dans ton siège auto, le pouce en bouche, je n'oublierai jamais cette insouciance. Je ne me lasse pas de t'admirer, mon petit trésor.

Je ne sais pas comment fonctionne le cerveau pour traiter les souvenirs ; ce qui fait que certains moments parfois insignifiants restent à jamais gravés dans nos esprits. Un *détail,* une *perception*, une *sensation*… J'ignore pour quelles raisons mon cerveau a souhaité sauvegarder en mémoire cet instant.

Je t'observe beaucoup, mon grand, et constate que tu ne joues pas seul, tes jouets ne t'attirent pas ; excepté les poupées. Qu'importe la polémique que cela pourrait susciter, ça ne m'atteint pas ; je ne vois rien de mal à ce que tu développes ton sens de l'empathie, crées tes scénarios, t'entraînes à adopter des gestes paternels bienveillants. De plus, ce sont les seuls jouets qui éveillent ton intérêt. Ça nous convient, c'est le principal, et qu'importent les « *qu'en dira-t-on* », je n'en ai que faire.

Suçant ton pouce, le regard perdu dans le vide, je me demande par quel Monde imaginaire tu es aspiré. Je n'ai aucun chemin pour t'y rejoindre. Nous sommes dans la même pièce, mais à des années- lumière l'un de l'autre. J'espère que nous arriverons à rapprocher nos deux Mondes. Je m'adapte à ton rythme…

Le réveille-matin, c'est toujours toi ! Un *bonjour* en se levant est la promesse d'une belle journée ; voir ta tête souriante à mon réveil me remplit de bonheur !

Je suis heureuse que tu fasses partie de ma vie. Nous partageons des moments simples et joyeux ! Tu travailles dur pour être propre et éviter tout *accident* en journée ! Je suis extrêmement fière de toi !

La rencontre avec ma famille s'est passée le plus naturellement du monde ! Tu as immédiatement été « *adopté* » par les miens, et ce lien *instinctif* me remplit de joie ! Je suis heureuse d'avoir une famille accueillante, aimante et bienveillante, qui a accepté mon projet de *parrainage* qui fut gardé secret jusqu'à ton arrivée, heureuse de constater à quel point tu fais partie intégrante de notre foyer et de nos vies ! Je ne les remercierai jamais assez de t'avoir parfaitement bien intégré ! Chacun se respecte et reste à sa place ! Tout se déroule naturellement bien. Ce projet de parrainage, qui est le mien, a été immédiatement accepté. Nous avons évolué, les uns et les autres à nos places respectives, dans un climat de confiance, de respect et de sérénité pérenne non négligeable. Devenir famille de parrainage, c'est aussi t'inviter à partager mon tissu social et favoriser au mieux l'intégration mutuelle.

***

4. Prendre ses marques !

Août 2014

Je suis heureuse, car tu commences à fouiller spontanément dans tes bacs à jouets, à te créer des histoires, imaginer des situations. Mais toujours fourré dans mes pieds, à croire que je vais m'en aller. Tu sais, mon bonhomme, je ne vais pas m'envoler ; je te promets de rester à tes côtés, de ne pas t'abandonner. Je suis là pour toi, tu peux et pourras à jamais compter sur moi.

Ce jour-là, nous descendions les poubelles à la cave. Pris de panique au sous-sol, tu t'es mis à pleurer, et l'*accident* est arrivé. Nous mettons tes vêtements dans la lessiveuse et je te rappelle gentiment qu'avec moi, il ne t'arrivera rien. Si tu as besoin d'être rassuré, dis-le-moi simplement, et je te prendrai dans mes bras. Tu peux compter sur moi, je serai là pour toi.

Après cet incident, direction le Musée des Sciences Naturelles ; tu affectionnes particulièrement les moutons... Ce qui tombe bien, parce qu'il y en avait quelques-uns en exposition !

Trois ans, et tout te fascine ; c'est un réel plaisir de t'emmener, seul ou en famille, aux musées, aux expos, au théâtre, à la plaine de jeux, chez des amis... T'ouvrir à la culture est un plaisir partagé ! Tu es sage partout, curieux de tout ! Quel bonheur ! Le seul bémol, c'est que je n'arrive pas à te conscientiser du danger de parler aux inconnus. Tu salues, interpelles et touches tous ceux que tu croises... Je constate *cette nécessité de t'approprier le Monde, de l'apprivoiser à travers le toucher.*

J'ai moins ri le jour où, sans crier gare, tu as posé la main sur la crosse de l'arme de service d'un inspecteur de Police en faction lors d'un événement auquel nous assistions... Je remarque que, par moments, tu as la capacité de me mettre mal à l'aise... Je repense également à ce jour où, dans le métro, tu as pointé du doigt des passagers assis en face de nous, alignés les uns à côté des autres - alors que nous sommes Noirs tous les deux - tu t'es écrié dans un silence de mort :

— Et *Marraine, là c'est le banc que pour les gens marrons ?*

Marrons ? Ce sont tes termes ; qui t'a appris ça ?

J'ai rougi... Malgré tout, je me demande de quelle couleur tu nous perçois ? À qui t'identifies-tu ?

Ce jour-là, nous allions donc au musée. Alors que nous regardions une vitrine présentant quelques squelettes de dinosaures, je me rends compte avec effroi que tu ne tiens plus ma main, mais celle d'une parfaite inconnue. Il n'a suffi que d'une *micro nano fraction de seconde,* ça m'a glacé le sang. Je ne veux pas t'alarmer. Néanmoins, sache que c'est extrêmement dangereux de parler aux inconnus et de suivre la première personne venue ! Homme ou femme, peu importe. Je te l'expliquerai encore pendant de nombreuses années...

De retour au *Cocoon,* rituel du soir, bonsoir. Pendant la journée, tu me confies avoir déjà vu ta Maman dans un cahier (rangé au Centre dans un casier) ; tu ne disposes que d'une seule photo d'elle et m'expliques que tu lui as téléphoné. Malheureusement, elle n'était pas là... Merci de m'avoir entrouvert une des portes de ton univers *imaginaire...*

Je constate qu'à cet âge-là, le cerveau est déjà capable de se constituer de fausses *vérités* afin d'anesthésier sa peine et pallier la douleur. À l'époque où je t'écris, on en connait encore très peu sur son fonctionnement, mais il me fascine. Mon cerveau se questionnant sur son propre mécanisme...

Je m'interroge sur la place que nous sommes censés accorder à vos fantasmes inévitables d'enfants malmenés par la vie ; comment devrions-nous réagir face à cela en tant que famille *de soutien ?* Devrions-nous petit à petit vous amener à ôter votre *manteau d'illusions et si oui, de quelle manière, avec quels mots*, et à quel moment ? *Le plus tôt possible ou une fois la relation de confiance mutuelle bien installée ?*

Je me sens démunie face à mes questionnements... Je ne sais pas quelle approche adopter.

Ce soir-là, je t'emmène à la foire pour la première fois ; un moment magique. Tu en prends plein les yeux, c'est merveilleux de voir ton regard s'illuminer. Ton buggy se transforme en carrosse ; bien emmitouflé dans ta couverture, tu sembles vivre une belle aventure.

Dans l'immeuble convivial, tu deviens rapidement *la mascotte* ! Difficile de ne pas te remarquer... Les voisins t'affectionnent particulièrement et comprennent parfaitement le concept de *parrainage*. À chacune de tes visites, tu es couvert de cadeaux, de bonbons ; chaque fois que je croise l'un ou l'autre voisin, aujourd'hui encore, ils prennent de tes nouvelles. Je suis habituée à leurs questions et y réponds volontiers ! Tu ne laisses pas indifférent ni insensible ; un oisillon que nous avons envie de protéger, de *couver jusqu'à ce que tu te remplumes*. Tu es si affectueux, souriant, sociable (trop), poli, curieux... Tu es rapidement entré dans notre cœur à tous et nous verrons plus tard que tu n'en es jamais plus ressorti.

∗∗∗

5. Domaine de Far Far Away©...

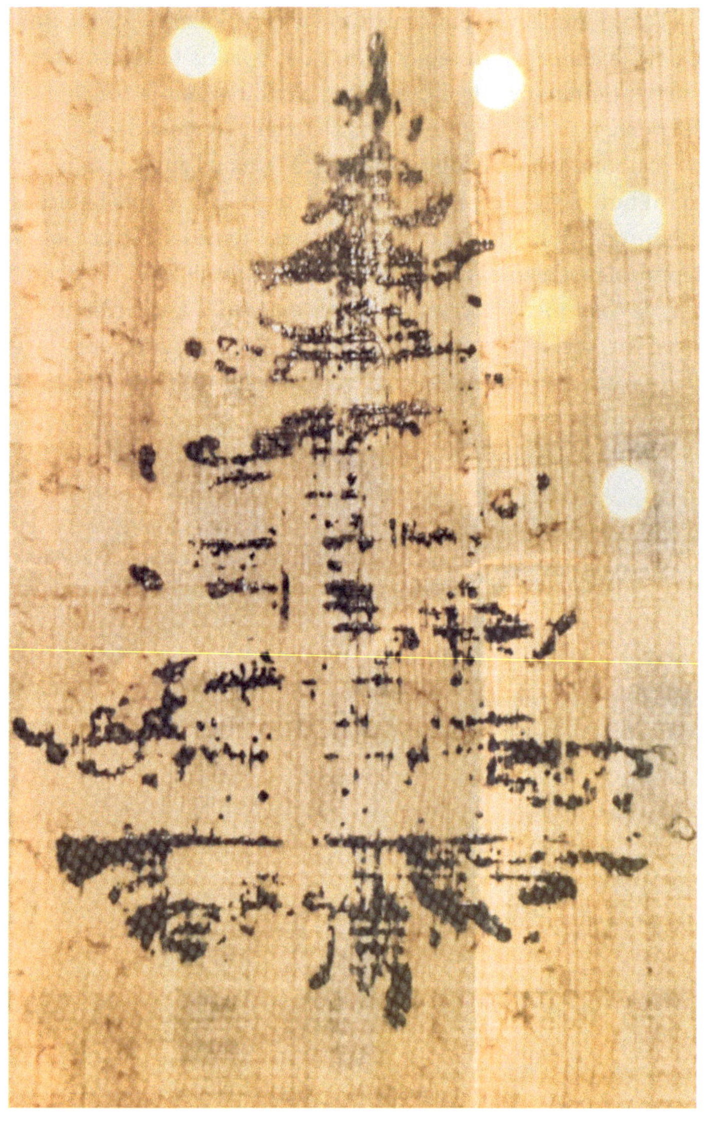

Pour une raison mathématique propre à l'organisation du *Royaume*, tu quittes la nurserie pour débarquer dans le *Domaine de Far Far Away©* (réf : Shrek 2 ©). Une psychologue s'occupant de notre projet et suivant au plus près nos aventures m'appelle pour m'expliquer que tu déménages et me demande si je souhaite poursuivre le *parrainage*.

Ce qui, en fait, remet en question absolument toute mon organisation, car traverser le *Royaume* en diligence un vendredi soir s'avère être épique ! *Cette obsession de ne pas te donner l'impression de t'abandonner est une idée fixe pour moi.*

Arriver en retard (inévitable) pour venir te chercher me culpabilise énormément. Quitter le travail, rentrer à la maison, sauter dans la diligence, traverser le *Royaume,* venir te chercher, faire nos courses et enfin nous poser pour entamer le weekend... C'est du sport ! Mais je désire plus que tout continuer de faire partie de ta vie ; je *m'adapterai.*

Une amie me conseille une astuce magique pour casser le rythme de la semaine efficacement et entamer le weekend plus sereinement. Depuis, nous avons rajouté cette astuce à notre rituel du soir. Je *m'adapte* ; où que tu sois, je viendrai te chercher au minimum un weekend par mois. La distance ne change rien à notre lien.

Je constate à présent que tu me tiens par la main tout le temps lorsque nous sommes à l'extérieur. Quand je me lave, tu t'assieds devant la porte fermée de la salle de bain et maintiens le contact *verbal* avec moi. Le plus difficile reste le moment de passer à table ; tu manges extrêmement lentement ; ce n'est pas un plaisir pour toi, je le sais bien.

P'tit d'homme curieux, tu découvres le Monde à coup de « *Pourquoiiii ? C'est quiii ? » « C'est quoii ? »*

Chers parents *de soutien* ou de naissance d'ailleurs, bon courage, armons-nous de patience, de bienveillance et de persévérance ! À chacune de leurs questions, nos enfants semblent se rassurer et renforcer leur confiance en nous.

Parfois, j'accepte d'avouer que « *je ne sais pas* » ; nous n'avons pas l'obligation de tout connaître ! Après tout, de nos jours, toutes les informations sont accessibles à une portée de *clicks* sur la toile. Je préfère que l'on prenne le temps et la peine de se renseigner ensemble plutôt que de raconter n'importe quoi quand on ne sait pas !

Une chose que je constate également, c'est que tu manies de plus en plus l'humour ; tout compte fait, je me demande si les enfants de *parrainage* ne finissent pas parfois par ressembler à leur famille *de soutien* ? On dirait un « *moi miniature* », de l'extérieur… et de l'intérieur également ! Je n'en suis pas peu fière ! Ta malice et ta répartie flirtent parfois avec *l'arrogance* ; la limite entre les deux est fine, difficile à te faire cerner la nuance.

Au fond de moi, je ne peux m'empêcher de me demander où tu trouves toutes tes réparties spontanées. C'est si naturel pour toi… Vous me direz que tous les enfants semblent extraordinaires à nos yeux… Mais lui, croyez-moi, a un *petit truc en plus*… Ce petit je ne sais quoi qui le rend unique, inoubliable, attachant, exceptionnel, malicieux et sensationnel.

Dans un projet de famille *de soutien*, je pense qu'il est préférable et enrichissant, pour soi et pour l'enfant, d'*éviter toutes formes d'attentes, d'espoirs, de projections. Sans quoi, nous risquerions de passer complètement à côté de la spécificité naturelle, primitive et unique propre aux petits qui nous sont confiés. La déception pourrait nous guetter si nos pensées préconçues ne correspondent pas à nos souhaits. Mais surtout, avec nos projections, nous passerions à côté de l'essence même de « nos » enfants !*

Tout commence mal pour moi avec le Domaine de *Far Far Away*© tenu par *l'Ogresse aux bras brisés*. Le lutin et moi sommes brutalement extraits d'un milieu cocooning et maternant, d'un contexte cotonneux, dans lequel les équipes de la nurserie nous faisaient pleinement confiance concernant notre fonctionnement et notre organisation, pour être subitement propulsés au beau milieu de nulle part. Nous tombons sauvagement dans un tout autre système, un fonctionnement que je ne cerne et ne comprends tout simplement pas. J'observe beaucoup avant de me faire une idée, un avis… Je me demande *quel mode de communication est le plus propice, quelle fréquence, quelles attentes des uns et des autres ? Quels rôles pour les uns et les autres ? Comment travaillent-ils avec les familles de parrainage, les intègrent-ils (pleinement) dans la vie de l'enfant ? Quelle place nous est accordée en tant que* famille *de soutien ? Quelle voix, quel poids avons-nous en tant que famille de parrainage dans ce système, qui me paraît si hermétique, trouble et opaque ? Quel temps consacrent-ils réellement aux familles de parrainage ?* Quelle réelle collaboration entre les intervenants est envisageable pour le bien de l'enfant ? Tout est *flou.* J'observe le fonctionnement et tente de le comprendre au mieux, de *m'adapter.*

J'ai toujours autant besoin d'être rassurée, de savoir si je fais bien, de recevoir des conseils professionnels, bienveillants, adaptés et personnalisés, si nécessaire. Mon *duo* avec toi est encore en rodage, après tout ; nous sommes en apprentissage l'un de l'autre... Ma crainte étant de faire pire que mieux avec toi à un moment donné.

Je ne perds pas de vue qu'un enfant en *parrainage* a déjà un lourd bagage émotionnel, parfois familial ; et je n'ai aucune envie d'être responsable d'autres maux, de t'infliger, volontairement ou non, d'autres supplices. Te préserver et t'accompagner au mieux est ma principale préoccupation. Que l'on ne m'accuse pas de *trop t'aimer* ! On n'aime jamais *trop,* je pense...

Très peu rassurée, je te dote rapidement d'un *doudou transitionnel,* sur lequel j'ai laissé mon odeur. Je t'ai donc muni d'un *dragon* presque aussi grand que toi afin d'affronter au mieux tout ce changement. Avec le recul, on aurait dit que je voulais t'armer contre la menace du Domaine de *Far Far Away*© en écho à mes propres inquiétudes.

La symbolique de ce dragon tenant toutes ses promesses…

***

6. *L'art et passion…*

J'ignore si, à l'heure où je t'écris, tu as repris tes pinceaux et prends encore autant plaisir à rouler à vélo ?

À la maison, je te demande d'exécuter des petites tâches ménagères adaptées à ton âge et tes capacités ; t'habiller/te déshabiller tout seul, te laver de manière la plus autonome possible, dresser/débarrasser la table, ranger tes jouets, mettre la machine en route, passer l'aspirateur au mieux, faire ton lit, balayer la terrasse, déposer les courses sur le tapis du supermarché, choisir tes vêtements la veille pour le lendemain… Tu en es tout à fait capable. Je suis si fière de toi.

Par moment, je constate que tu confonds les mots « *Marraine* » et « *Maman* ». Je ne sais pas si c'est pour me tester, ni même quelle réaction tu attends de ma part… Tu me demandes régulièrement où est ta maman ; je ne sais pas te répondre car en fait, je n'en sais absolument rien.

Tout ce que nous pouvons constater toi et moi, c'est qu'elle n'est pas présente à tes côtés en ce moment. Ce n'est pas un jugement mais un *ancrage* à *ta* réalité de l'instant présent.

Nous mettons en place un coffret dans lequel je t'invite à y déposer toutes tes questions concernant ta maman. Quelques petits mots remplissent cette boîte, qui est la tienne.

Je pense que le lien de confiance et de stabilité se tisse peu à peu entre nous deux. Le fait que je continue de venir te chercher même si tu vis désormais au fin fond de nulle part te prouve concrètement que je suis là pour toi et ne te quitterai jamais et ce, où que tu sois. Cette constance et cette cohérence semblent te rassurer. Ce ne sont pas des paroles en l'air mais bien un engagement que tu vois se concrétiser sur la durée. Des promesses sans actes n'ont selon moi aucune *valeur*.

Je constate que tu réfléchis tout le temps ; on pourrait presque apercevoir les rouages de ton cerveau fonctionner en continu ! Jour et nuit, d'ailleurs, il n'est pas rare que tu parles, te battes et sursautes en dormant.

Tes goûts s'affinent. Tu es fan de *Chantal Goya*… Ça me rappelle ma jeunesse, lorsque nous écoutions ses chansons sur un tourne-disque vinyle 33 tours, en boucle ! Oui, ça fait *vintage*, je sais ! Te souviens-tu de ce jour où tu m'as demandé en écoutant de la musique :

— Tu es née en 2000 combien, Marraine ?

Aïe la question qui pique !

Quelle ne fut pas ta surprise lorsque je te répondis : en 1983.

— En miiiiiiille neuf cent quatre-vingt-trois Marraine ? T'es sûre ? Tu ne t'es pas trompée ? Miiiiiile neuf cent quatre-vingt-trois ?! m'as-tu répondu.

Je n'ai pas pu m'empêcher de sourire. L'insistance est une des caractéristiques de ta personnalité. Sans filtres, « *c'est cadeau* » comme on dit ! Ça fout un sacré coup de vieux, il est vrai ! À t'entendre, on aurait dit qu'un siècle entier nous séparait ! De l'apparition du tourne-disque à celle de *YouTube*, il ne s'est pas écoulé une *éternité* !

Qu'elles s'écoutent en 33 tours ou en format audio numérique, une chose est certaine, les chansons de *Chantal Goya* sont intemporelles et toujours aussi entraînantes ! Nous rions, chantons, dansons en les écoutant, toujours les mêmes et dans le même ordre ! Parfois nous aimons faire les *fous-fous* !

Progressivement, je t'apprends à utiliser la tablette, en ma présence et avec ma permission. Mais au fond, je pense que votre génération est née avec un don pour l'intelligence numérique. Je veille surtout à ce que tu te serves d'Internet (certains disent « de l'Internet », je ne comprends pas pourquoi…) de manière responsable ; un temps d'écran journalier limité et préprogrammé, sur lequel nous nous sommes mis d'accord, ainsi qu'une autorisation parentale sont mis en place.

De plus, les publicités sont désactivées afin que tu puisses surfer en toute sécurité. Tu n'es pas seul avec l'IPad, j'observe de très près tes tout premiers pas dans le monde digital. La tablette étant synchronisée à mon Smartphone, je peux donc tout vérifier à tout moment !

***

7. Lettres et anniversaire

Le temps file, nous voilà déjà en *avril 2015*. Retenez bien ce passage car c'est à partir d'ici (déjà) que le vent tourne de manière *insidieuse*…

Le weekend pendant lequel tu es censé venir à la maison tombe en même temps que l'anniversaire d'une petite fille de ta classe… l'unique princesse de la famille *Fripon* souffle ses quatre bougies, et il m'est demandé si je souhaite que tu participes à l'anniversaire malgré le fait que ce soit mon weekend.

Mais **POURQUOI** ai-je accepté ?

Je ne voulais pas te priver d'un événement social organisé par un membre de ta classe. Je trouvais moche que tu sois le seul à ne pas pouvoir assister à cet après-midi festif sous prétexte que tu étais dans ta famille de parrainage à plusieurs kilomètres de là. Je suis donc venue te chercher le vendredi soir comme convenu. Le lendemain, nous retraversions le *Royaume* afin que tu puisses assister à la fête en l'honneur de la Princesse.

Je suis accueillie avec une coupe de champagne par des parents que je ne connais pas mais qui curieusement ne me semblent pas inconnus non plus… comme des *personnages secondaires en toile de fond* pourtant bien présents depuis le début (et pour cause, ils gardent un œil sur toi depuis votre entrée en maternelles).

Des mini-altesses courent partout. Tu es le seul prince, tout était si mignon, si rose, si minuscule et immense à la fois ! Je me demande si chaque année l'anniversaire de la Princesse sera aussi grandiose.

Personne ne m'adresse la parole, je n'ai pas ma place. Après avoir siroté mon champagne seule debout dans mon coin, ma coupe en cristal à la main, je précise aux parents organisateurs que je reviendrai te chercher à l'heure de fin, afin que tu puisses en profiter jusqu'au bout.

En t'attendant, l'*aîné* et moi allons boire un café pour passer le temps, nous réchauffer et nous abriter dans une taverne non loin de là. Les mystères du cerveau me fascinent toujours autant. Ne me demande pas pour quelle raison je me souviens de nouveau d'un détail météorologique ; il pleuvait à verse ce jour-là... Un détail sans importance mais bel et bien gravé dans ma mémoire. Le ciel s'assombrissait déjà, comme un présage de mauvaise augure...

Ce passage et celui ci-dessus pourraient paraître anodins, et pourtant, comme on dit, *le diable se cache dans les détails*. (Pour le souvenir de la pluie, je n'ai pas d'explication.)

Quelques jours plus tard, même si ce n'est pas mon weekend, je suis néanmoins invitée à ta fancy-fair. J'ai envie de partager ce moment privilégié avec toi. Ta toute première fête d'école ! Ce n'est pas mon weekend, mais je n'aurais raté ce moment pour rien au monde. Toutes les rues aux alentours de l'école sont assaillies de voitures garées un peu partout.

Tu es sur scène et me cherches du regard... Tu es plus concentré sur ta quête visuelle que sur ta danse. Mon cœur se serre ; on dirait que tu souhaites t'assurer que je suis vraiment présente et que j'ai tenu ma promesse. Concentre-toi, mon bonhomme. Une parole est faite pour être tenue et accompagnée d'actes. Je suis là, je te vois !

Danse, mon grand, libère-toi, occupe la scène, amuse-toi, ne te tracasse pas, je suis là, perdue dans le public, entourée de parents et grands-parents agglutinés les uns aux autres pour tenter d'apercevoir la chair de leur chair se trémousser sur scène et pouvoir en prendre les plus belles photos et vidéos à montrer aux collègues, aux autres membres de la famille, aux amis, à tous ceux qui, dans le fond, s'en fichent complètement et n'ont strictement rien demandé. Sans oublier bien évidemment de poster l'entièreté du spectacle sur Facebook en inscrivant en légende « *première fancy-fair de loulou. Si fière de toi #mumlife #familylove #enfants #ecole !* »

Je suis là, noyée dans cette marée de smartphones tendus à bout de bras. Je t'admire. Tu n'es pas mon fils, mais te voir danser m'émeut. Je verse discrètement quelques larmes, trop d'émotion, c'est incontrôlable, inexplicable. Tu te débrouilles comme un grand. Tu es fait pour la danse ; je n'avais encore jamais eu l'occasion de le constater. Tu es doué pour danser !

Tous les parents filment la scène, certains assistent au spectacle à distance grâce à *Face Time*. La technologie a, entre autres, ce pouvoir de nous permettre d'*être partout et nulle part en même temps* !

Je n'ai pas envie de filmer, je voudrais juste profiter de cet instant présent, et garder ce bonheur rien qu'à nous deux. Je voudrais graver ce moment à jamais dans ma mémoire. Personne ne pourra nous le voler, ça.

Après le spectacle, les mamans ont le droit de vous accompagner afin de vous aider à vous changer avant de manger et de vous suivre dans les nombreuses activités organisées par l'école. Cette journée festive revient à plus ou moins 25 € (cartes d'activités, repas...). C'est peut-être déplacé pour certains d'aborder le volet financier, mais c'est un aspect non négligeable, sur lequel j'ai décidé de ne pas faire l'impasse. Pour certaines bourses, ça ne représente rien ; pour d'autres, c'est un budget. J'avais prévu et ne voulais pas te priver de ces délicieuses festivités. Tu as pu participer à toutes les activités pour ton plus grand bonheur.

La question s'est brièvement posée entre ton éducatrice, ton institutrice et moi afin de savoir laquelle d'entre nous allait t'aider à te changer. *Seules les mamans* pouvaient entrer. *Les mamans...* L'éducatrice, très sensée et dotée d'intelligence émotionnelle, a perçu ma gêne pourtant dissimulée derrière mon légendaire *sourire solaire.* Elle nous laisse donc cet instant à deux dans l'intimité, l'occasion pour moi de te féliciter de vive voix, et non en postant tes exploits sur Facebook. Je suis si fière de toi !

La famille Fripon était présente elle aussi à cette Fancy-Fair ; ils ont remporté un cartable à la Tombola... qu'ils m'ont donné « pour un enfant du centre placé par le Juge car il y en a qui n'ont rien » m'avaient-ils dit… J'ai laissé ce cartable dans la cour, dans un coin.

Ah oui, pour peu, j'oubliais de vous parler des lettres… Chaque mardi, les enfants du Domaine de *Far Far Away©* ont droit à un appel téléphonique de la part de leurs proches. Malheureusement, mon emploi du temps ne me permet pas de t'appeler ; j'enchaîne les cours du soir après mon travail ; je me promène dans les métros pour me rendre de l'un à l'autre. Ce n'est pas l'idéal pour une conversation de qualité avec toi. J'ai donc opté pour une solution alternative afin que tu ne sois pas lésé.

Je décide de t'écrire une courte lettre hebdomadaire. Bien que tu ne saches pas encore lire, je compte sur ton équipe éducative pour assurer le courrier du cœur… Ne me demande pas pour quelle raison je les ai *instinctivement* toutes imprimées en double exemplaires et sauvegardées. J'espère que tu aimes lire car tu verras, des années plus tard, j'ai maintenu cette tradition épistolaire. Plus d'une centaine de nouvelles lettres t'attendent classées par ordre chronologique…

∗∗∗

8. La fête des

Je me demande ce qu'on fait *quand on n'aime pas sa mère, qu'on n'a pas de Maman, qu'on est orphelin ? Qu'on a deux Mamans, ou encore que l'on est un bonhomme parrainé ? En d'autres termes, lorsque l'on n'entre pas tout à fait dans les cases préconçues ?*

L'enfant a tranché, son cadeau de la fête des mères m'est destiné, malgré le fait qu'il soit écrit « *Maman* » sur le poème imprimé et collé à l'intérieur d'un cœur magnifique en papier (que j'ai gardé). Je te demande néanmoins si tu es sûr de ta décision. C'est un *oui* affirmé.

Je suis touchée en plein cœur mais n'ose pas y croire tout à fait dans la mesure où ce cadeau, en fait, ne m'est pas pleinement destiné. Je travaille encore sur ma légitimité parentale dans notre schéma familial. *Maman de substitution, Maman à défaut de.* Nous savons tous deux que ce n'est pas mon rôle. J'insiste une dernière fois pour savoir si tu ne préfères pas plutôt déposer ton cadeau dans *la boîte* et l'offrir un jour à ta maman plus tard. Qui sait, on ne sait jamais…

Le cadeau est pour moi. L'enfant en a décidé ainsi. J'accepte, pour ne pas risquer de l'offenser, et aussi parce que je suis touchée. Les autres cadeaux de fêtes des mères me seront destinés, et le mot « *Maman* » sur les poèmes est remplacé par « *Marraine* ».

Un an est passé comme rien. Nous continuons à nous adapter l'un à l'autre, à nous apprivoiser. Je maintiens les rituels rassurants et sécurisants malgré le reproche tonitruant de *l'Ogresse aux bras brisés* du Domaine de *Far Far Away©*, qui se permet d'affirmer, j'ignore de quel droit d'ailleurs, que mes méthodes « d'éducation » sont, je cite, « *psychorigides* », supposant par là-même que j'ai été élevée de manière un peu stricte ! Cette réflexion sonne comme un jugement. Tout ce que je constate, moi, c'est que notre mode de fonctionnement te convient (comme à moi) et que ça fonctionne, de mettre en place des règles claires, des rituels rassurants, quoi qu'en pense *l'Ogresse aux bras brisés*.

Je n'oublierai jamais cette critique, reçue comme une baffe en pleine figure. Je ne comprends pas comment cette dame que je ne connais pas se permet une telle attaque. Je ne trouve pas cette manière de faire très professionnelle et intègre. Je ne permets à personne de passer les limites du respect en remettant en question l'éducation qui m'a été donnée. Autant insulter mes parents ! Le *Service* de parrainage continue, quant à lui, à suivre notre évolution.

***

9. Le vélo

Je suis émue de vous voir, le vendeur et toi, retirer ensemble les petites roues de ton nouveau vélo, parce que tu n'en as pas besoin. La draisienne que tu chevauches depuis tes premiers jours chez moi t'a aidé à trouver ton équilibre sans devoir repasser par l'assistance des roulettes.

Dès ton arrivée dans ma vie, je t'ai mis sur un vélo, adapté à ton âge, à ta taille. Tu en as eu trois en quatre ans. Tes anciens vélos ont été révisés, nettoyés et revendus au fur et à mesure pour nous permettre d'en racheter un nouveau plus adapté lorsque c'était nécessaire et faire de la place au *Cocoon*. Les structures urbaines du quartier permettent de longues balades dans la nature en toute sécurité. La combinaison de la voiture, des balades à pied, à cheval ou à vélo, permettent aux riverains et visiteurs d'explorer le Monde en fonction de nos rythmes et envies.

La pile électrique que tu es, a besoin de découvrir le Monde qui nous entoure (plus précisément celui dans lequel nous évoluons), de se surpasser. Je partage ce dynamisme ! Nos nombreuses promenades, à vélo pour toi, à pied pour moi, me laisseront à jamais des souvenirs inoubliables. Tu es infatigable, deux heures de vélo malgré ton jeune âge ne semblent pas te poser de problème ! Quelle résistance !

Une règle d'or, si tu tombes, pas de drame (sauf en cas de lourde chute). La procédure est simple : relève-toi d'abord si tu le peux, regarde si tout est ok pour toi, ensuite relève ton vélo et regarde si tout est ok pour lui et puis go. En selle, poursuis ta route !

Une autre règle d'or, si tu ne me vois plus, c'est que tu es perdu (interdiction de rouler sans vareuse jaune avec mon numéro de téléphone inscrit dessus, des coudières, des genouillères, un casque, un sac à dos avec une gourde d'eau et quelque chose de sucré à grignoter). Lorsque tu traverses, attends-moi, descends de ton vélo, c'est plus sûr. Après toutes ces mesures de sécurité, Marraine est enfin prête à te laisser filer. Te voilà paré pour ta passion de toujours. Je suis extrêmement fière de toi !

Te voir rouler à vive allure, foncer vers l'aventure sur ta monture m'arrache une larme. Le temps passe si vite ! Tu peux passer des heures sur ton vélo, à la conquête du Monde. Je veille sur toi, de loin maintenant, et te laisse profiter de ce sentiment de bien-être, de liberté et de légèreté qu'offrent les plaisirs du vélo. Tomber, te relever, ça te servira pour affronter la vie, mon grand. Un pas de plus vers l'autonomie ! Pas de post d'étalage sur les réseaux sociaux. Juste une photo de toi de dos sur ton vélo. Ces moments nous appartiennent.

Le *parrainage* se déroule bien. Pendant les vacances, tu es autorisé par ton centre à passer un peu plus de temps chez moi. Nous en sommes heureux tous les deux. Ce qui est encore difficile pour toi, ce sont les câlins, tu m'arraches les cheveux, te débats, ne veux pas de mes bisous. Rien. *Tu sais, mon grand, se rapprocher de quelqu'un ne signifie pas qu'à un moment ou un autre, tu devras en être séparé.* Tu peux t'approcher sans danger, tu ne vas pas me perdre. *Tout le monde n'est pas destiné à disparaître.* Je ne vais pas m'envoler. Tu peux compter sur moi.

J'ignore si un jour tu arriveras à faire tomber tes barrières ? Je ne force pas… Les câlins *consentis* font tellement de bien pourtant. Tu batailles fermement, contestes de toutes tes forces, me repousses violemment et fais des câlins à tous ceux que tu croises, sauf à ta Marraine. On dirait que tu crains de t'attacher à moi. Ça me fait mal à la tête (je tiens aux racines de mes cheveux), mal au cœur et à l'âme. Je ne suis pas vexée mais blessée. J'en souffre pour toi, moi, nous. Tu as énormément de vigueur pour te débattre.

Tu es un battant, un soldat, un guerrier, une force de la nature, non pas par ta carrure mais par ta volonté, celle de vivre, qui t'a permis dès les premiers jours de ton existence de rester vivant ! Par ta détermination, tu as été capable de te maintenir en vie ; tu te le dois !

N'oublie jamais ça. Mais le restant de ta destinée n'est pas un combat, mon gars. Tu as la rage d'exister, ça te servira pour plus tard, si tant est que tu puisses arriver à tempérer. En attendant, si tu pouvais éviter de me scalper, ça m'arrangerait ! Apprends à doser !

Je ne peux m'empêcher de veiller sur toi, sur ton bien-être, ton évolution. La montée de tes comportements agressifs ne m'échappe pas. Je décris à ton équipe éducative ce que j'observe : qu'il n'est pas rare que tu te fasses du mal, m'arraches les cheveux, me repousses violemment et que tu brutalises d'autres enfants de ta classe. Nous constatons tous cette montée de violence, tant ton équipe éducative que pédagogique, ainsi que mes proches. Ton agressivité croissante ne passe pas inaperçue !

Ce comportement m'interpelle et n'est pas acceptable. J'ai l'impression qu'une colère s'amplifie au fond de toi, gronde et demande à se manifester. Comment ne pas comprendre ? Mais je ne suis pas d'accord que ça se fasse avec la violence. *Reconnaître oui, accepter non,* pour ma part en tout cas. Le comportement que tu adoptes par moment est inadmissible !

Que faire, en tant que famille de *parrainage,* pour t'aider à te sentir mieux, tout en restant dans mon *rôle « secondaire »* de famille *de soutien* ? J'en ai fait part à ton équipe éducative et espère qu'ils réagiront de manière appropriée à la hauteur de la gravité de certains de tes actes.

J'ai prévenu, en toute confiance et transparence. Ai-je fait le nécessaire ? C'est aussi mon rôle de remonter ce qui ne va pas auprès de tes équipes éducatives. Je manquerais à mes devoirs si je me taisais je pense...

La violence chez moi n'est et ne sera pas tolérée. Même si on traite mon éducation de *frigide, psychorigide,* je m'en moque. On ne règle rien en étant agressif. Au contraire, être impétueux est un aveu de faiblesse sache le ! Nous ne sommes pas là pour nous battre ou entrer dans cette spirale d'agressivité latente.

Quelques jours plus tard, par missive électronique, ton équipe éducative répond à mon **alerte** de manière ferme : à savoir que lorsque tu présenteras à nouveau des comportements agressifs, il sera question de te priver de ta boîte à bonbons !

No comment... Je m'attendais à une réaction plus... adaptée, à la hauteur des faits ; je suis sans mot. Ton addiction au sucre aurait pu freiner tes ardeurs, mais ce ne fut pas convaincant... Nous nous mettons tous d'accord pour te priver de tes sucreries si tu présentes encore des comportements agressifs envers quiconque, toi y compris.

Petit d'homme et moi mettons en place un nouveau rituel, un moment à deux, un tête-à-tête à la mer pour décompresser au maximum. Je ne suis pas sûre qu'il y soit déjà allé. Moment magique de détente totale, dans notre bulle, et le plein d'iode.

Ces moments de pur bonheur hors du temps, nous les reproduirons régulièrement. Sur un coup de tête, il n'est pas rare un vendredi soir, de retour au *Cocoon* que j'embarque nos sacs, et nous sautons dans le train, direction la mer.

***

10. "Cars McQueen©"

*D*epuis ton passage à la nurserie, je sais que tu as une fascination pour les voitures et les motos. *Flash McQueen©* devient pour toi, comme pour de nombreux enfants de ton âge, un véritable héros... pour très longtemps.

Tu rêves de passer ton permis moto. Je te conseille de commencer par le permis voiture en temps voulu, ensuite, tu pourras étudier et décrocher toutes les licences qui te font plaisir. Nous ferons un « *glow-up* » (avant/après) lorsque tu chevaucheras ta moto ! Je me refuse de te l'interdire ; n'ayant aucune envie que tu en fasses à mon insu et sans équipement approprié. Entre nous j'aimerais que ce soit, toi, moi et l'honnêteté.

Je décide donc de décorer toutes mes lettres du mardi avec des images différentes de voitures de *Cars©*. De plus, tu as une belle petite collection d'autos miniatures (à l'effigie de ton héros) ! Cette passion, tu la partages avec l'*aîné,* pour notre plus grand bonheur. Il prend plaisir à t'offrir des petites voitures de la licence Disney© ; jamais deux semblables. Mon *Papou* est aux petits soins pour toi, son seul et unique « *petit-fils* ». Merci pour cela mon grand !

Je me rappelle ce jour où nous cherchions ta grande voiture *Cars©* partout... Dans un 35 mètres carré, elle ne pouvait pas être bien loin. Plusieurs mois plus tard, tu me confias que tu l'avais secrètement emmenée avec toi au Domaine de *Far Far Away©*. J'aurais pu la chercher longtemps ! Je ne sais toujours pas comment tu t'y es pris, car je n'ai rien vu du tout. J'aurais préféré que tu m'en demandes la permission avant. Les règles à la maison sont pourtant simples ; c'est toi, moi et la vérité !

Je n'ai pas compté le nombre de lettres papier que je t'ai écrit depuis que nos vies se sont croisées. Je pense qu'il y en a bien deux cents… Et le reste ! En moyenne, une par semaine depuis 2014. J'espère pour toi que tu aimes lire !

Je constate que tu as une facilité à démonter et remonter tes petites voitures. Je ne peux m'empêcher de me demander quel métier tu auras le plaisir d'exercer. Qu'importe, je serai là pour t'épauler. Tu pourras compter sur la présence bienveillante de ta Marraine.

J'ai ma petite idée…

Qu'importe ce que tu souhaites faire, je t'accompagnerai pour trouver ta route, ta voie, ta vocation ! Compte sur moi, je serai à jamais à tes côtés.

***

11. *Le numéro que vous avez composé…*

C'est la rentrée des classes, j'appelle *l'Ogresse aux bras brisés* pour prendre de tes nouvelles et m'assurer que tout s'est bien passé. Personne ne me répond au téléphone ; j'envoie donc une missive électronique. Ta rentrée s'est bien passée, m'a-t-on répondu.

Lors de tes weekends chez moi, nous devenons de plus en plus structurés et méthodiques. Les rituels rassurants restent en place. Nous les maintenons et nous formons une équipe de top niveau ! Nos weekends sont ce que nous décidons à deux d'en faire.

23/09/2015

Le moment venu, pour la première fois, tu rencontres *Charmant©*, l'homme qui occupe dorénavant mon cœur. Nous ne vivons pas ensemble mais vous êtes au courant de l'existence l'un de l'autre. Rencontre pas aussi *chaleureuse* que je l'avais espéré. Je ne force pas.

Je suis déçue que le courant ne soit pas mieux passé entre vous deux. Le temps arrangera peut-être les choses sans forcer… Alors que le fait de t'accueillir dans ma vie est pour moi une évidence, *Charmant©* n'est pas du même avis et ne comprend pas que l'on puisse se consacrer autant à un enfant qui n'est pas le nôtre.

Il fait si froid, dans cette ambiance glaciale, que je me demande si la porte du surgélateur a bien été refermée. *J'enfile donc deux pulls et une veste…* Comprendra-t-il un jour que ça ne s'explique pas, le *parrainage,* ça se vit ? Comprendra-t-il un jour que c'est un choix que j'ai fait ? Et entrer dans ma vie ne donne à personne le droit de me demander de faire un classement de priorité, légitimité entre toi et un autre. Alors non, *Charmant©* ne m'a pas explicitement demandé de choisir, mais son attitude à ton égard me déroute.

C'est la première fois en effet que quelqu'un de mon entourage ne comprend pas l'intérêt de mon implication auprès de toi, alors que pour moi, c'est une évidence. Sans compter que notre ressemblance physique, à toi et moi, n'échappe à personne. Ce qui, j'en suis sûre, a éveillé des soupçons silencieux dans la tête de mon amoureux... Qu'importe, celui qui décide d'entrer dans ma vie accepte également de me partager avec toi. Point. C'est un package, à prendre ou à laisser.

Chaque année, dans le *Royaume*, certaines sociétés ouvrent leurs portes au public. Nous avons décidé ensemble de visiter l'entrepôt des tramways de la STIB (Société des Transports Intercommunaux de Bruxelles). Je te vois t'émerveiller, t'intéresser à tout ce qui nous est expliqué ; nous avons même pu passer sous un tram en réparation. Ce fut une belle découverte ! Tout te fascine, c'est un pur bonheur ! Je me demande quels souvenirs il te restera de tout ça (peut-être plus aucun, mais les photos sont là pour nous rappeler nos souvenirs envolés).

Une nouvelle réunion est prévue avec le *Service* de parrainage. Je ne sais pas ce que je dois/peux y raconter... Ces réunions sont obligatoires car elles permettent de faire le point régulièrement sur « *l'évolution de la situation* » en face à face. En réalité, j'ignore si je peux me confier librement ou s'il est préférable de rester dans la retenue afin d'éviter tout jugement de la part des différents intervenantes professionnelles. Je suis mitigée... Tous mes doutes, mes questionnements, je les confie régulièrement et ouvertement par missive électronique au moment même. Lorsque j'ai besoin de conseils ou d'éclaircissements, je ressens le besoin qu'on m'explique les choses à ce moment-là, en « *temps réel* ».

D'un point de vue organisationnel, j'ai proposé à plusieurs reprises de pouvoir effectuer ces réunions obligatoires par *visio-conférence*, ce qui m'aurait grandement facilité la vie, mais sans succès ; le présentiel est requis. Ça ne m'arrange pas vraiment.

Le temps de terminer le travail, sauter dans le train, arriver en périphérie, s'échanger deux ou trois informations *futiles de convenance* la plupart du temps, rentrer chez moi, manger, préparer mes affaires pour le travail, dormir, reprendre le boulot le lendemain… Par *visio-conférence,* ça aurait pu fonctionner également. Elles ne sont pas si nombreuses, mais malgré tout, le temps passe si vite entre deux réunions. C'est une contrainte pour moi, d'autant plus, que je ne comprends pas leur utilité, leur pertinence.

J'ai l'impression que tu ne vas pas bien. Impossible de savoir exactement d'où me vient ce ressenti viscéral mais ton *mal-être*, je le discerne au plus profond de mes entrailles. On dirait que nous sommes comme *reliés* ; je te sens tracassé, ton sommeil est agité, tu es sans cesse préoccupé ; comme « *déconnecté* » de la réalité. Qu'est-ce qui te tourmente à ce point, mon grand ? Qu'est-ce qui ne va pas ?

J'aimerais apaiser tes craintes, te rassurer, alléger tes angoisses. Tu me confies spontanément que *tu n'as pas de maman ; qu'elle ne veut plus te voir pour toujours et que c'est très triste* comme tu dis et l'exprimes si bien, avec tes mots. Écoute-moi bien petit d'homme, tout le monde a une « *mère* » tu sais, mon p'tit chou. Sinon, nous ne serions pas de ce monde.

Tu te sens en *insécurité (affective) permanente, anxieux, angoissé* ; la solitude t'effraie. Pour combler ces silences qui te dérangent, t'angoissent, t'inquiètent, tu parles sans arrêt à voix haute, couvres ces instants de *rien* qui te mettent mal à l'aise. C'est éreintant. J'ai les ressources nécessaires pour y faire face, mais c'est très éprouvant. Tu combles l'espace, chantes fort (très fort). Pour remplir le vide, matérialiser ton existence, te maintenir vivant.

Je me sens si impuissante. J'envoie une missive électronique à l'*Ogresse aux bras brisés* pour l'informer de ton état qui ne s'améliore pas, lui faire part de mes doutes. Je n'ai jamais reçu de réponses pour me donner des pistes. D'ailleurs, je n'ai jamais reçu de réponse tout court.

Je découvre en bibliothèque un livre merveilleux, utile, clair, complet, parlant de l'évolution des enfants en familles adoptives et d'accueil ; un livre en or. Je ne pourrai malheureusement pas le référencer car il n'est plus édité. Bien dommage ; il est extrêmement bien fait. Une mine de trésors, d'astuces, d'informations et de conseils avisés par tranches d'âge, que je mettrais dans les mains des parents *de soutien* désireux de mieux comprendre les besoins spécifiques de « *nos* » enfants adoptés, accueillis ou parrainés. Ayant connu une ou plusieurs fractures avec leur nid d'origine, il est des besoins significatifs à prendre en compte pour vous comprendre et vous accompagner au mieux, sans entrer toutefois dans l'aspect professionnel de l'accompagnement. Comment répondre comme il faut et à votre rythme non linéaire, à d'éventuelles carences affectives ? Sans en faire trop ou de manière non-adaptée ?

J'espère qu'un jour l'ouvrage salvateur en question sera de nouveau disponible ou que je le trouverai en version papier en seconde main.

***

12. Cinéma

Ensemble, nous testons une nouvelle expérience : je décide de t'emmener au cinéma pour la toute première fois de ta vie. Une de mes passions que je souhaite partager avec toi. C'est un pari risqué mais je pense que tu vas apprécier. Tout est « *plus* ». L'écran est plus grand, le son plus fort, il y a plus de monde que dans notre salon...

Pour habituer ton oreille à d'autres langues, nous regardons "*Flash McQueen 3©*" en V.O accompagnés d'une de mes amies et de son enfant d'accueil, qui a exactement le même âge que toi à un mois près.

Ce film est splendide et la morale de l'histoire extraordinaire ! Elle ne pouvait pas mieux tomber !

Expérience inoubliable ! As-tu apprécié ? Je n'en ai pas la moindre idée. Tu es si *impassible* que je ne peux que supposer que tu as passé un bon moment.

Cette attitude déconcertante me déroute un peu. J'en parle à ton équipe éducative. Le fait que tu ne présentes aucune expression ni verbale ni faciale me surprend. J'ai parfois l'impression que tu consolides ta carapace de telle sorte qu'elle devienne de plus en plus imperméable aux émotions, entre autres... La psychologue du *Service* de *parrainage* m'a seulement dit que ce n'est pas parce que tu n'exprimes aucune émotion que tu n'as pas apprécié l'expérience.

***

13. Musée du train

*P*our nous faire plaisir, l'*aîné* nous fait la surprise de nous emmener au musée du train ; nous y avons passé un superbe moment tous les trois. Tu couves quelque chose, mais malgré tout, tu profites de la visite. Tu as une résistance surprenante (ce sont les mots de notre *aîné* bien aimé).

Plus tard, nous apprendrons que tu démarrais la varicelle, ce qui n'a en rien altéré ton enthousiasme pendant ta visite au Musée.

Ton état d'esprit continue de me préoccuper : ta maman te manque, tu te poses de nombreuses questions la concernant. Je ne peux malheureusement pas y répondre car je ne dispose d'aucune information. Ta Marraine te manque également : tu aimerais me voir plus souvent et *venir vivre avec moi*.

Malgré ton jeune âge, tu te fais vomir après manger. Je me sens complètement impuissante, démunie. J'en informe ton équipe éducative. Le moment de passer à table reste compliqué mais j'ai trouvé une astuce : à présent, tu prépares les repas toi-même, et ça semble fonctionner ! Ma hantise, c'est que tu ne te nourrisses pas. Le fait de te faire préparer nos plats semble être une solution qui fonctionne pour faciliter ton passage à table. Je me sens soulagée.

Naturellement, tu deviens de plus en plus *câlin,* pour mon plus grand bonheur. Je suis contente d'avoir installé ça entre nous et ce, dès le début, car je n'avais pas envie qu'un jour on ait besoin d'un *tuto* pour apprendre à se serrer dans les bras, se faire un câlin ou encore se dire "*je t'aime*".

Plus tard, il existera des Trends (tendances) sur TikTok©... J'ai l'impression qu'à travers ces vidéos, on teste la cohésion de la famille, leurs codes d'expression, la solidité de leurs liens, la capacité à s'exprimer sans rien se dire... Je ressens la puissance d'un câlin comme un *Crash Test*... ça passe... ou ça casse. Je crains qu'un jour ou l'autre, on ne sache pas comment s'étreindre et que tout ce que l'on a pris le temps de construire, nos efforts d'apprivoisement, soient un jour ou l'autre ramené à néant. Un câlin *mutuel*, ça n'a l'air de rien, mais il peut signifier tellement !

Je t'aime énormément, c'est tout ce que je souhaite que tu saches.

Pour continuer de te motiver à bien faire les choses, j'ai créé un grand panneau des tâches, avec un système de gommettes vertes et rouges à *scratch* à accrocher à la fin de chacun de nos weekends. Nous faisons une brève réunion de famille à deux et parcourons chacune de tes tâches. Ce type de système éducatif est souvent fort décrié, mais il fonctionne chez nous et c'est bien là le principal après tout.

Après une courte concertation (et parfois quelques négociations), tu accroches toi-même les gommettes colorées dont tu estimes être digne et méritant. Tu es fier de toi... je le suis également.

Depuis ton premier jour dans ma vie, je complète tes albums photos papier ; tous nos souvenirs, qui n'appartiennent qu'à nous (personne ne peut nous voler nos mémoires). Tes premières fois de tout. Rien sur les réseaux sociaux ; pour le monde numérique, tu n'existes pas. Je t'en préserve et je pense que conventionnellement, je n'en n'aurais pas eu le droit. Quoi qu'il en soit, je n'ai pas envie d'imposer ton image sans ton **consentement mûr**, **mature**, **réfléchi** et **responsable**. Ça attendra encore quelques années. Chaque chose en son temps. Il y a un âge pour tout. C'est beaucoup trop tôt.

Les albums photos papier feront parfaitement l'affaire. Lorsque tu seras plus âgé, tu disposeras de ton image et décideras par toi-même ce que tu souhaites poster ou non au regard du monde entier de manière indélébile à travers les réseaux existants et à venir.

Tes albums photos, peut-être désuets, te sont d'une grande utilité. Tu t'y réfugies volontiers et frénétiquement à chaque weekend passé à la maison. On dirait que ça te rassure de te sentir « entouré » de ces visages désormais familiers, qui te rappellent anecdotes, souvenirs, tendresse, générosité, bonheur, partage, joie, découvertes, fêtes, repas et sécurité. D'ailleurs, une des photos que nous affectionnions particulièrement reste introuvable… je me demande si elle n'a pas subi le même sort que ta grande voiture Cars©. Je ne le saurai jamais…

Plus tard, je découvrirai que tu es passionné par les reportages vidéo que tu réalises toi-même ! Tu filmeras et commenteras le Monde à ta façon. Je ne me lasserai pas de t'observer. Quand tu consultes mes albums de jeunesse, invariablement, tu nous confonds ; tu mélanges ton image et la mienne à ton âge. Je sens que ton sentiment d'appartenance à notre cellule familiale s'affirme de plus en plus. Tu estimes que tu fais pleinement partie de notre foyer. La ressemblance physique entre nous t'aide à t'identifier. Trente-trois ans nous séparent, tu n'étais pas encore conçu ! On se ressemble certes, mais il est tout de même possible de nous différencier !

Il te manque tes trois premières années de vie en photos… Rien ne pourra rattraper ça. Tu me demandes *comment tu as fait tes premiers pas*, je n'en sais rien, mon grand. Tu les as probablement effectués avec une éducatrice de la nurserie dans le couloir, j'imagine. Je n'en ai pas la moindre idée. Ni pour tes premières dents, tes premières panades, tes premiers mots. De *tes premiers tout* avant tes 2 ans 1/2, nous n'avons aucun souvenir matérialisé.

Aucun cliché de tes premières foulées, étape pourtant importante pour affronter la vie.

En complétant tes albums, je voudrais te laisser des traces pour l'éternité, je veux que tu saches que je ne te laisse pas tomber, je ne compte pas partir, m'en aller, disparaître, m'envoler. Et si ça venait un jour à arriver, sache que je continuerai de veiller sur toi où que je sois, sache que je t'aime d'un amour infini, sache que je suis là et ce, même si tu ne me vois pas. Sache que rien, absolument rien, ni même personne arrivera à remettre en doute notre lien. Il sera testé, à maintes épreuves de la vie, mais il est bien tissé, en place, solide et inconditionnel à tout jamais. Sache-le mon grand !

La photo a la particularité entre autres, de fixer le présent, pour que dans le futur, nous ayons des souvenirs d'un moment passé, de figer le temps pour l'éternité (j'ai attendu 37 ans pour la placer, celle-là). La photo a le pouvoir de suspendre le temps à tout jamais (l'écriture aussi d'ailleurs).

***

14. Ton nouveau surnom

1/02/2016

Pour une raison que j'ignore, je t'attribue un surnom qui te va à la perfection.

Dorénavant, je t'appelle « *Poulet Croq© (– d'amour)* ». Tous nos proches te surnommeront ainsi, tellement ton pseudo te va à merveille. Des comme toi, il n'y en a qu'un, voilà pourquoi je t'attribue un surnom unique au monde *(surnom déposé©)*.

Me voilà également rebaptisée ! Pour éviter toute hésitation entre « *Maman/Marraine/Mamou* », tu as tranché pour « *Mammouth* ».

Mammouth & *Poulet Croq'©* d'amour, la fine équipe !

Qu'importe à quoi elle ressemble, c'est notre *team* à nous, tant que ça nous plait et que l'on s'y sent bien, c'est le principal. *On est « ensemble »* ! Au diable les schémas des familles dites *conventionnelles, traditionnelles* ! À chacune son histoire et sa structure, qui lui est propre.

Tu grandis à vue d'œil (cette expression non plus je ne la comprends pas – à vue de nez ou d'oreille ça ne fonctionne pas). Nous vendons tes vêtements devenus trop petits (sauf ceux qui t'ont été offerts par l'*aîné* ; nous y sommes attachés, c'est sentimental), ainsi que les jouets qui ne t'intéressent plus (sauf les cadeaux). Nous en donnons certains, lavés, et en bon état à une association. Depuis tout petit, je t'apprends à prendre soin de tes affaires, à prendre conscience du sens du partage.

Tu reçois énormément, mais je t'apprends à donner également. La reconnaissance, l'humilité passent aussi par le don. Tu comprends que tu as de la chance d'avoir des jouets, qu'il est primordial d'en prendre soin, et de penser aux autres quand tu ne les utilises plus. Tu reçois et es capable d'offrir. Il n'est pas rare que tu distribues des pièces de ton argent de poche à des personnes nécessiteuses dans la rue.

Ce soir, pour la première fois, j'ai une soirée familiale que je ne peux pas rater ; Taty Choupy est coiffeuse officielle pour *cheveux texturés* lors d'un défilé de mode. L'événement se termine tard. Je te confie, non sans culpabiliser, à une baby-sitter, une amie à moi vivant à cinq minutes du *Cocoon*.

Me séparer de toi lors d'un de nos weekends m'est difficile. Je prends alors conscience que, depuis que tu es entré dans ma vie, nous ne nous sommes encore jamais détachés lors de tes weekends à la maison. C'est la première fois. Testons la puissance de notre lien.

J'ai pleuré en cachette, et pourtant tout s'est bien passé. Parfois, les craintes ne se basent sur rien. Tu avais été plus que préparé à cette soirée sans moi, et tu t'es immédiatement senti à ton aise et en confiance chez mon amie Évodie. Tout s'est déroulé sans problème. Le fait qu'après ma soirée, je sois bel et bien venue te rechercher te rassure. Plus fort encore que des paroles, tu conscientises, enfin et de manière concrète, que je ne t'abandonnerai *jamais* !

Où que je sois, je reviendrai te chercher. *Toujours.*

***

15. Deux ans de parrainage (déjà)

*J*e remercie le *Service de parrainage* pour le *matching parfait* entre mon petit protégé et moi-même. En effet, je n'aurais pas pu rêver mieux que de t'avoir, toi, dans ma vie. Toi, mon *Poulet Croq'©*, dont je suis extrêmement fière !

Aucune ombre au tableau... Nous poursuivons l'adaptation mutuelle et apprenons à nous faire confiance, nous connaître et appréhender les réactions de l'autre. Ne pas dépasser nos limites. *Sans nous douter un seul instant de ce qui allait nous arriver...*

Les aléas de la vie font que je ne suis plus en couple avec *Charmant©*. Je me demande si nous aurions toujours été en désaccord concernant mon *parrainage* ou si, à la longue, il aurait pu se faire à l'idée. Notons que notre séparation n'est pas en lien avec le parrainage.

Bien plus tard, progressivement, ***étape par étape*** et avec beaucoup d'explications et de dialogues, le moment est venu de te présenter le nouvel homme élu par mon cœur. Vous deviendrez complices pendant trois années consécutives. Qui d'autre que lui, qui avait grandi en foyer de son plus jeune âge à sa majorité, pouvait mieux te comprendre ? « *Petit Robot* » rejoint donc notre *duo* fusionnel. Vous vous adoptez immédiatement ! Il trouve très vite sa place parmi nous.

Un an plus tard, nous décidons, « *Petit Robot* » et moi, d'agrandir la famille. C'est aussi ton rêve, d'avoir un *petit frère* ou une *petite sœur*. Tu participes même au choix du prénom. Si c'est une fille, elle s'appellera *Clémence*. « *Petit Robot* » et moi n'avons pas d'avis particulier sur le sujet. Pour notre plus grand bonheur, nous ressemblons de plus en plus à ce qui s'apparente à une famille stable et durable.

Lorsque je te manque, que le temps entre deux weekends au *Cocoon* te semble trop long, qu'importe le moyen, tu réussis toujours à me faire passer un message d'une manière ou d'une autre. Tes ressources et ton ingéniosité m'épatent. Un message m'a particulièrement émue :

— Bonjour Marraine ; je t'aime pour toute la vie et puis je veux te faire un bisou.

Je t'aime aussi, mon Poulet *Croq' d'amour*©, aujourd'hui et pour toute la vie. Tu me manques tellement. Je reçois tes lettres papier et tes missives électroniques, c'est du miel pour mon cœur. Nous sommes fusionnels et ça, rien ni personne ne nous l'enlèvera. Même si nous ne nous voyons pas tout le temps, je pense à toi tous les jours. Je me rappelle la fois où tu as pris l'initiative de demander à « *un grand* » de ton *Domaine* d'écrire une lettre pour moi. Je t'imagine parfaitement la lui dicter mot à mot ! Quel garçon débrouillard ! J'ai gardé toutes tes attentions bien précieusement dans une boîte. Ce sont mes trésors à moi. Rien ni personne ne remplacera nos mots, tout ce que l'on s'est dit, écrit et promis. Je sais que tu n'as rien oublié et si tel est le cas, sache que je ne t'en veux pas.

***

16. Jusqu'à ce que la mort vous sépare

Tu affectionnes particulièrement une personne qui t'aime énormément, ma grand-mère paternelle, avec qui le contact est rapidement bien passé. À l'heure où je t'écris, cela fait plus d'un an qu'elle ne fait malheureusement plus partie de ce monde mais, crois-le ou non, malgré son *Alzheimer* bien avancé, lorsque je suis allée la voir sur son lit d'hôpital, les derniers mots qu'elle m'adressa te furent destinés. Comme je m'apprêtais à la saluer (pour la dernière fois), elle me demanda :

— *Et comment va le p'tit garçon ? Il va bien ? Il grandit bien ?*

Je me suis arrêtée net. Elle t'appelait « *le p'tit garçon* ». Les capacités du cerveau m'impressionnent. En parlant de toi, voilà qu'elle retrouvait d'un coup toute sa lucidité ! Je lui ai dit que tu te portes bien et ce, malgré le fait que je n'en eusse strictement pas la moindre idée. Ce sont les derniers mots qu'elle m'adressa… Ils étaient pour toi. Elle s'est éteinte en paix en sachant que tu te portes mieux.

Quand je dis que tu es entré dans notre cœur, pour ne jamais plus en ressortir !

Il y a eu entre vous ce je ne sais quoi, indestructible, puissant, inconditionnel, qui est né naturellement après une *phase d'adaptation assez compliquée,* il faut l'avouer.

Ma grand-mère est décédée en n'ayant plus la moindre idée du lien familial qui nous unissait, elle et moi. Lorsque je suis entrée dans sa chambre, elle m'a appelée « *Madame* », me confondant probablement avec une aide-soignante. Mais sa toute dernière et tendre pensée te fut très affectueusement adressée. Pourtant, elle ne t'avait plus vu depuis longtemps. Elle t'aimait. J'ai accroché sur mon mur une photo de vous deux : un cliché volé de vos tendres moments de complicité, en pleine discussion *dans un langage que vous seuls pouviez comprendre.*

Le lien entre jeunes enfants et « grands-parents » est parfois magique et surprenant ! Je me demande si tu te souviens
encore d'elle ? Que gardent en mémoire le cerveau d'un enfant
de onze ans et celui d'une dame de nonante-quatre ans atteint
de destruction du souvenir ?

***

17. Un bébé bien discret

*N*ous continuons de chercher un appartement plus adapté à notre nouvelle structure familiale, mais dans le *Royaume*, les loyers sont hors de prix. Parce que j'ai pris le parti de toujours tout te dire, tu es donc naturellement au courant qu'un déménagement se prépare, que malgré tout, tu continueras de venir chez nous. « *Petit Robot* » s'installe à la maison, pour notre plus grand bonheur.

Le comble pour toi qui as des difficultés à table, l'amoureux de Marraine est chef cuisinier ! Tu pourras préparer les repas avec lui et il t'apprendra de nombreuses recettes, comme celle du gâteau au chocolat, le *secret familial* de la pâte à crêpes et bien plus.

La traversée du *Royaume* le vendredi soir devient de plus en plus *ingérable*. Je propose donc de venir te chercher le samedi matin. Mais tu souhaites profiter davantage des weekends complets passés chez moi. *Tu aimerais avoir plus de weekends à la maison.* Comment rester insensible à ta demande ? Je ferai donc tous mes efforts pour continuer de venir te chercher le vendredi, pour que tu ne sois pas lésé. J'entends ton envie de me voir plus souvent, de passer plus de temps ensemble.

Une nouvelle réunion avec le *Service* de parrainage approche. Je ne sais toujours pas ce que je dois y raconter. Tout continue à se passer au mieux ; si j'ai des questions, je les envoie par missives électroniques détaillées dès qu'une situation concrète se présente. Que dire de plus, sauf que l'on s'aime d'un *amour inexplicable, sain* et *fusionnel,* et que malgré tout, nous sommes toujours en apprentissage permanent l'un de l'autre ? Enfin, dois-je préciser que mon conjoint s'est présenté à ton équipe éducative ?

Tu n'es plus un tout petit, tu deviens un grand garçon. Depuis que nous avons fait la différence entre un « *moment bisou* » et une franche « attaque de câlins », tu sembles avoir moins de mal avec les démonstrations affectives.

Avec « *Petit Robot* », tu partages d'autres types de moments privilégiés, tels que les promenades à deux vers le magasin de bonbons, en trottinette ou à vélo, les jeux de « bagarre ». Faire les coqs, se challenger, cuisiner, rire, poser vos limites…

« *Petit Robot* » a une approche tout à fait différente avec toi. Les deux méthodes semblent te convenir, et surtout, elles se complètent. Je le laisse faire, nous nous accordons, bien sûr, concernant les valeurs essentielles que nous souhaitons t'inculquer.

Pour tous mes proches, je reste ta personne « *référente* » et nous gardons une seule et même ligne de conduite. Interdiction de se contredire, de t'envoyer des signaux incohérents.

Ainsi, tu entendras souvent : « *Demande à Marraine si tu peux…* » et rétorquer : « *Qu'a dit Untel ?* » par souci de cohérence entre nous tous.

Avec « *Petit Robot* », tu franchis davantage encore tes limites, avec la saine volonté de le dépasser dans tout ce que vous entreprenez. Tu me parles moins de ta famille de naissance. Aucun tabou entre nous. Tu sais que tu es parfaitement libre de me parler de ce que tu veux mais ta famille ne revient plus systématiquement au centre de nos conversations. On dirait que tu sembles avoir réglé *ton conflit interne de loyauté.*

Les bricolages restent un moyen d'expression que nous utilisons régulièrement avec un fond de musique. Tes dessins sont superbes et tu prends toujours autant plaisir à peindre. Malheureusement, lorsque tu ne réussis pas ce que tu veux, tu t'énerves très rapidement et déchires ta feuille de colère, rage, tristesse, épuisement ou déception, je ne sais pas trop.

Tu perds patience et sembles te mettre une telle pression ! Progressivement, nous essayons ensemble d'adopter une autre approche et de modifier ton dessin, que tu juges « *raté* », pour l'amener petit-à-petit à ce qu'il ressemble à une autre ébauche, qui te plaît. Peut-être même qu'il en naîtra quelque chose qui te surprendra et à quoi tu n'avais pas pensé initialement.

Nous avons banni la gomme et les nouvelles pages vierges. Ose, fonce, crée, invente, rectifie, crois en toi et en tes créations.

Garde le plaisir et l'envie de peindre ! Une erreur peut être corrigée. C'est un dessin, rien de dramatique qui nécessite de te mettre dans un tel état.

Je me rappelle qu'au début, lorsque tu peignais, tu n'aimais pas avoir de taches sur toi. C'est *l'aîné* qui a eu l'excellente idée de te faire peindre avec les doigts en plongeant vos mains dans la peinture, s'en était suivi un mélange de vos deux rires complices. Lance-toi, mon grand ! Fonce !

Tu ne supportes pas non plus que je m'éloigne un peu trop de toi. Pourtant, dans un appartement de 35 mètres carrés, je ne risque pas d'aller bien loin !

Tes *tourments* te reviennent par vagues. De plus en plus, tu me (re)poses des questions extrêmement précises sur *tes racines*, ta famille... Aucune étape est linéaire dans notre apprentissage. Je refais part de tes tracas explicitement à *l'Ogresse aux bras brisés* par missive électronique, dans l'espoir qu'elle trouvera enfin une solution et *des mots pour apaiser tes maux et te libérer*. Peut-être même aborder avec toi *la vérité sur tes racines...* `

Je rencontre de la part de *l'Ogresse aux bras brisés,* une réactivité... inexistante.

Une fois n'est pas coutume, je viens te rechercher à l'école un après-midi, je n'avais encore jamais connu cette joie ! D'autant plus que c'était une surprise ! Quel bonheur ! Je vois à ton regard, ton sourire, ton étonnement et ta manière de courir vers moi que ça te fait plaisir ! À moi aussi !

Merveilleuse surprise organisée par une de tes éducatrices, que j'affectionne par-dessus tout et qui avait la bonté d'âme de m'impliquer au mieux dans ta vie. Le volet scolaire en faisait également partie. Il y a deux éducatrices de ton Centre que je n'oublierai jamais, tant leur approche fut personnalisée, constante, respectueuse et bienveillante.

Si elles lisent ces lignes, j'espère qu'elles se reconnaîtront, *An.* et *Ly.* ! Les initiales des prénoms de deux anges ! Elles m'ont agréablement marquée et elles avaient les mots pour apaiser mes craintes, répondre à mes doutes, m'inclure de manière constante dans ton projet de vie et encourager mes initiatives dans la considération, l'échange et la tolérance !

An. avait même un sixième sens...

Afin de pouvoir venir te rechercher à l'école, j'avais demandé congé à ma patronne. Une fois n'est pas coutume, ma demande fut accordée ! En effet, en que tant famille de *parrainage*, je n'ai LÉGALEMENT pas d'enfant à charge pour l'employeur. Dans la société où je travaillais, les congés, nous devions les économiser... Si tu n'étais pas parent, c'était un peu plus compliqué d'obtenir des permissions « *exceptionnelles* ».

Nous avons donc pu rentrer plus tôt au *Cocoon*, faire les courses à notre aise. À présent, ça fait partie de tes tâches, de poser les courses sur le tapis, saluer le ou la caissier/ère, ranger les courses dans les sacs, toutes choses que tu seras amené à faire dans ta vie.

Bien que notre société se dirige à vitesse *grand V* vers toujours plus de numérisation et de dématérialisation d'actes concrets de la vie de tous les jours, je tente de t'ancrer au mieux à ce qui est palpable et t'aide à te représenter physiquement, tant que faire se peut, le monde dans lequel tu grandis et évolues.

Je constate que pour un enfant de ton âge, la visualisation est très importante pour cerner, comprendre et apprivoiser les rouages de la société à ta façon. Le fait de prendre le temps de se rendre physiquement au magasin te fait prendre conscience que d'une part, *on n'a rien sans rien* et d'autre part, tout n'arrive pas tout cuit dans ton assiette. Je te fais prendre conscience aussi de l'aspect naturel de certains aliments non transformés. Les fruits et légumes ne poussent pas en barquettes PMC. Il existe d'autres formes de légumes que ceux en conserves ou surgelés (même si la plupart du temps, ce sont ceux que l'on prend pour gagner du temps et éviter le pourrissement des aliments). Tu peux voir leurs variétés, leurs couleurs, leurs formes calibrées ou non, leurs textures. Regarder sans toucher. En prendre pleins les yeux ! Les couleurs qui mettent de bonne humeur, pour peu que l'on se donne la peine d'admirer les étals rendus attractifs afin de nous pousser à consommer plus sain, plus équilibré et plus varié.

Et tu peux également te rendre compte (à ton degré de compréhension), du coût de la vie. Nous apprenons ensemble à estimer un budget, à ne pas acheter plus que de raison, à respecter comme il se doit le travail des employés du magasin et à prendre conscience de l'importance du contact social et du civisme. T'amener peu à peu à devenir acteur de ta propre vie, toi, qui jusqu'alors l'a subie...

Pour ceux d'entre vous qui pensent que tu n'es qu'un enfant, que tu n'as pas à devoir te soucier ni te préoccuper de tout cela, je ne peux m'empêcher de penser que l'enfant que tu es aujourd'hui n'est autre que l'adulte en préparation que tu deviendras demain... et que d'un jour à l'autre, tu seras propulsé dans un monde de grandes personnes, dans lequel tu seras amené, qu'on le veuille ou non, à devoir évoluer et te débrouiller seul... À mon échelle, je tente de t'y préparer au mieux.

Tes calculs de prévisions budgétaires se font de plus en plus précis. L'apprentissage avec des valeurs concrètes me semble indispensable avant de pouvoir dépenser en ligne avec des paniers virtuels et immatériels. Valider distraitement un panier numérique ne permet pas, je pense, de prendre conscience de la valeur de l'argent. En effet, que peuvent bien représenter concrètement 70 € pour toi, lorsqu'il est simplement question de tapoter un nombre à deux chiffres sur un écran ?

Sans représentation visuelle réelle au préalable, comment peux-tu différencier la valeur de 7, 00 €, 70 € et de 700 € ? À *quelques zéros près, c'est la même chose.* Alors qu'en visualisant un caddie plus ou moins rempli de courses alimentaires destiné à plusieurs personnes, à perdurer pendant plusieurs semaines, tu peux te faire une idée concrète aussi simple que celle-ci :

— *Avec septante euros, je peux m'acheter ça.*

Te dire qu'un tel montant est équivalant à quelques précisions près au contenu de ce caddie.

Avec "*Petit Robot*", tu apprends des recettes de cuisine (secrets de famille). Faire les magasins vous inspire pour varier nos repas.

Te voir prendre plaisir à mettre la main à la pâte, te réconcilier avec la nourriture, et être fier de tes réalisations, c'est du pur bonheur. Je suis comme une Reine à la maison, chacun participe aux tâches ménagères, tu mets la machine en route, passes l'aspirateur, ranges tes affaires, cuisines, fais ton lit… Tu seras en mesure plus tard de tenir ton ménage en ordre, de planifier et estimer tes dépenses, gérer ton argent, cuisiner… Tu pourras compter sur toi.

Pendant une courte période, « *Petit Robot* » et moi avons décidé de nous séparer. Bien sûr, je t'en ai fait part en toute transparence, j'en ai même informé *naïvement* ton équipe éducative. Une séparation d'un commun accord mûrement réfléchie. Néanmoins, pour les enfants, nous avons décidé de rester en bons termes. Malgré l'amour que l'on se porte, vivre ensemble n'est désormais plus d'actualité.

Tes questions concernant *tes racines* se font de plus en plus précises et insistantes, mais je ne peux y répondre. J'en informe de nouveau *l'Ogresse aux bras brisés*… Tu sembles gêné face aux questions des enfants qui te demandent des précisions concernant *tes racines*. Pour seule réponse, tu baisses la tête.

Non, mon Poulet Croq'©, relève la face, mon bonhomme. Je te promets que tout ira bien. Nous allons démêler cette situation de flou familial. Tu sais, nous disposons tous et toutes d'expériences de vie qui nous *forgent* tôt ou tard et font de nous ceux que nous devenons, avec nos fragilités mais également nos forces ! Tout dépend ce que tu en fais. Ces passages de vie nous façonnent.

Chaque vécu fait partie intégrante de notre parcours, notre histoire personnelle et contribue à former la personne que nous devenons. Tu n'es pas seul pour traverser tes blessures. Ta personnalité se forge peu à peu sur ton vécu.

Pendant que je me préoccupe de ta situation familiale, de *tes racines*, je n'ai absolument pas remarqué qu'en moi un être était en train de planter les siennes. « *Petit Robot* » avait fait son *mea culpa* entretemps, et les réconciliations furent… fructueuses *(ton éducatrice An. l'avait pressenti).*

C'était le bébé le plus discret du monde car personne n'avait constaté sa présence, rien, absolument rien n'aurait laissé présager que la famille était en train de s'agrandir. Aucun signe, aucun indice de son existence. Ce bébé était si réservé, on aurait dit qu'il n'avait pas envie de nous déranger. Et pourtant, il était plus qu'attendu, tant espéré.

Il est arrivé sur la pointe des pieds, sans faire de bruit et s'en est allé dans la douleur, l'incompréhension, les pleurs et les cris. Ça fait un drôle d'effet, de perdre son enfant seule alors qu'on ignorait complètement son existence. C'était un dimanche. « *Petit Robot* » était au travail, je ne comprenais pas ce qui était en train de m'arriver.

J'ai mis les saignements et la douleur sur le compte de l'arrivée de mes règles, mais il n'en n'était rien. Comment aurais-je pu comprendre à ce moment-là que j'étais en train d'expulser un *embryon* dont j'ignorais la présence ? Pourtant très attentive à mes cycles, je m'étais bien renseignée auprès du *Dr Internet, le très réputé et populaire Médecin Mondial,* au sujet des *dénis de grossesse.* Quelque chose qui n'aurait jamais pu m'arriver car c'était, toujours selon le *Dr Net,* le lot des femmes **qui ne voulaient pas d'enfant**. C'est dangereux, de croire tout ce qui est écrit sur la toile !

À cet instant, où mes entrailles brûlaient et se déchiraient dans d'atroces souffrances, pliée en deux, je me suis rendue aux toilettes tant bien que mal (je vous passe les détails intimes de ce moment marqué quelque part dans ma mémoire), mon cerveau s'est mis instantanément en *404 (ERROR)* et a tout de suite anesthésié ma douleur morale, pour laisser place au mal physique, le temps que la dépouille de l'*embryon* se décroche de moi.

Sur le moment, je n'ai pas conscience d'être en train d'accoucher d'un bout de nous… toute seule.

Ce n'est que bien plus tard, des mois après, que subitement, tout m'est revenu en mémoire. Assimiler deux informations en même temps crée un court-circuit. La prise de conscience brutale de la perte d'un embryon suivie immédiatement de celle de la présence passée d'un enfant en développement au creux de mes entrailles. Ça fait un drôle d'effet, de tout apprendre soudainement au même moment.

Je ne comprenais pas, car cet enfant, nous le voulions plus que tout au monde. Les dénis de grossesse sont l'apanage des femmes qui ne désirent pas d'enfant. Alors pourquoi nous ? Pourquoi nous retirer un enfant que nous désirions par-dessus tout ?

Si j'ai perdu mon embryon, c'est bien que j'étais enceinte d'une vie. Je continue de m'interroger sur le mécanisme du cerveau. Il m'étonne ! Se débrancher aussitôt d'une douleur, pour faire place au travail d'expulsion de la dépouille de mon enfant en devenir. Le cerveau laisse le corps effectuer son travail en enclenchant des mois plus tard les souvenirs pour me permettre d'entamer alors un processus de deuil et de prise de conscience en même temps. Les souvenirs sont stockés quelque part et ne demandent qu'à ressurgir à ma mémoire...

Inconsciemment, j'avais refait un seul mouvement déclenchant tous mes souvenirs. Je me rappelle tout d'un seul coup. Je ressens brutalement ma douleur, cette sensation de brûlure, de déchirement, comme si, un tourbillon s'était abattu en moi... J'en pleure pendant plusieurs jours d'affilée (voir des mois).

Après cette perte, mon cerveau a fait l'inverse : il s'est mis à soupçonner une grossesse à chaque cycle... J'en étais arrivée à ne plus fréquenter mon conjoint, pour éviter d'être déçue... Plus aucun bébé ne fut candidat à loger dans mon ventre, et les annonces des grossesses de mes proches devenaient de plus en plus insupportables. J'en ai passé, des nuits à pleurer sur le souvenir de cet embryon *mort-né* et l'espoir avorté d'autres enfants, qui n'arrivaient pas.

Une thérapeute m'expliqua, des années plus tard, que les *fausses couches* arrivent plus souvent qu'on ne le pense… Que ce n'est pas de ma faute, c'est la nature qui procède à une *élimination naturelle par sélection*, que cet enfant n'était probablement pas viable, que l'*Univers* avait peut-être détecté l'une ou l'autre anomalie. Alors, en secret, je me suis *créé* une croyance : cet enfant est retourné au ciel et me reviendra lorsqu'il sera prêt. À chacun ses convictions. Mon cerveau préserve mon âme et mon cœur comme il peut.

J'ai écrit à mon bébé sans vie, pour le remercier de nous avoir choisis comme *famille*, et bien d'autres mots encore, que je garderai privés, bien évidemment.

Je lui ai dit *adieu*, je lui ai dit merci… Je lui ai dit que je l'aime d'un amour infini et que dans mon cœur et dans ma vie, il y aurait eu de la place pour lui aussi.

Pendant longtemps, je m'en suis voulu. Quel genre de mère suis-je, incapable de détecter son propre enfant en elle ? Pourtant très attentive à mon corps, je n'ai senti et remarqué aucun symptôme typique de grossesse. Mon bébé était le plus discret du monde. Je l'ai vu pourtant mais il était trop tard, il s'en était déjà allé vers d'autres cieux. J'avais littéralement sa non-vie en main.

Plus concret que ça, tu meurs ! Si j'avais su… j'aurais pris soin de toi, fait plus attention… Je t'aurais couvé pendant neuf mois… Mais je n'ai rien (res)senti, rien perçu, rien vu. Je m'en veux terriblement et j'en veux à la vie.

« *Petit Robot* » s'était pourtant un jour réveillé en sursaut, me demandant dans un demi-sommeil où se trouve la poussette, me sommant de lui dire si j'avais perdu les bébés (l'inconscient de mon homme nous avait-il alerté ?).

Depuis, je ne consulte plus Dr Net car il m'a fait passer à côté d'une grossesse. Quel mauvais médecin !

J'ai un stock « inécroulable » de tests de grossesse… au cas où. La peur de retomber enceinte sans m'en apercevoir me guette et m'obsède. Je ne supporterais pas l'idée de passer à côté d'une nouvelle grossesse. Au moindre doute, je me conduis par défaut comme une femme enceinte, avec beaucoup de vigilance, de prudence car après tout, on ne sait jamais…

Je ne suis pas loin de déclencher une grossesse nerveuse, par compensation. J'ai aussi un stock « inécroulable » de tests d'ovulation. Le « + » qui s'y affiche me remonte le moral, non pas parce qu'il nous donne le feu vert pour quelques TP (travaux pratiques), mais tout simplement pour le seul plaisir de lire un test positif. J'en suis là...

Pour clore le sujet, je constate par cette expérience personnelle si douloureuse que le fort désir de gestation n'empêche pas le déni de grossesse.

Une étoile de plus brille dans les cieux depuis, et je lui demande pardon, pardon de ne pas l'avoir ressenti, de ne pas avoir pu l'accueillir au mieux au creux de mes entrailles.

Ce que j'ai dit au *Poulet Croq'©* et à *Charmant©* concernant la place infinie que j'ai dans mon cœur vaut également pour mes enfants de naissance, et mes autres projets de parentalité, sans aucune différence ni distinction entre le *Poulet Croq'©* et les « mini-moi » à venir. Ils sont toujours tous autant attendus. L'amour se multiplie plus qu'il ne me divise.

À toi, petit ange... Nous t'aurions aussi fait TA place grande comme ça, si j'avais su... si nous avions su... Tu étais tout aussi bienvenu que Poulet Croq'©.

Ne sous-estimons pas la place qu'il y a dans un cœur qui aime.

Je n'ai pas eu la chance de te connaître mais je t'aime, même rétroactivement et ce, malgré ton court passage dans cette vie.

Merci d'avoir fait une apparition (bien trop brève) pleine d'espoir dans la nôtre.

Ta place était légitime.

On aurait dit que tu craignais de déranger alors que pour t'avoir, nous aurions tout donné.

Sur la pointe des pieds, tu t'en es allé.

Repose en paix, mon bébé.

Quant à toi, mon *Poulet Croq'©*, tu deviens de plus en plus violent et bagarreur avec tes camarades de classe. Je demande à ton équipe éducative que tu puisses exercer une activité sportive car je ressens ton besoin d'extérioriser ta colère. Ce n'est pas nouveau, je l'avais déjà mentionné à plusieurs reprises.

J'avais tiré la sonnette d'alarme : tu as besoin de connaître la vérité sur *tes racines*, du moins, ce que nous en savons. Ça t'aiderait à apprivoiser *ta réalité et à t'apaiser*. Ce silence te maintient dans l'*incomplétude*, l'*incertitude* et l'*insécurité émotionnelle. Te voir si mal me fait mal. Je ne comprends toujours pas pour quelles raisons personne ne prend la responsabilité de t'expliquer avec des mots simples et adaptés ce que nous savons de ton passé familial.*

Quel mal y a-t-il à cela ?

D'autant plus que tu es très lucide et comprends bien à travers tes questions, ton comportement, tes inquiétudes, que l'on te cache une vérité clé qui te permettrait peut-être d'avancer...

Je ne comprends pas cette obstination de continuer de cultiver ce mensonge par déformation, comme pour édulcorer ta réalité. À quoi bon t'éviter de te confronter à la vérité qui tôt ou tard, d'une manière ou d'une autre, surgira ? Inévitablement, un jour ou l'autre, tout finit par se savoir. Alors à quoi bon *postposer* l'échéance ?

Reculer l'inévitable encore et encore sous quel prétexte ? Dans l'intérêt de qui ?

Pour moi, chaque enfant devrait pouvoir avoir accès à son passé, du moins à ce que l'on en sait. Car c'est sur cette base-là que tu seras amené à te (re)construire. Ne pas avoir peur de poser des points d'interrogation sur ce que l'on ignore, lorsqu'il n'y a rien dans les dossiers, avoir le courage de le verbaliser, admettre qu'il manque des pièces au puzzle et accepter qu'il se pourrait qu'on ne le termine jamais, mais essayer au moins de poser clairement les premières lignes de ta vie en avançant à ton rythme, tous ensemble dans une même direction, à savoir, la vérité sur ton passé.

Tu es prêt et ce, malgré ton jeune âge. Il n'est jamais trop tôt mais il se pourrait qu'il soit un jour trop tard.

J'estime que tu y as droit. Qui à part toi est plus concerné par ce que tu as traversé de ton premier jour sur Terre à aujourd'hui ?

Ces procédés m'échappent… Je vois bien que **cette incertitude te torture.** Ce n'est pas la première fois que je m'adresse à ton équipe éducative, mais rien y fait… J'ai le sentiment de ne pas être écoutée, entendue. Et même, celui d'être ignorée.

Une de *tes racines* prend sa place dans ta vie et j'en suis ravie pour toi. Les choses sont parfois bien faites… Je te manque, tu l'exprimes explicitement à travers tes lettres. Tu me manques aussi. Je sens s'installer en toi, un conflit de loyauté… Je le regrette mais il semble inévitable. Nous l'affrontons ensemble, dans la transparence.

J'étais invitée à ta Fancy-Fair, mais voilà que je reçois une missive électronique m'annonçant qu'elle est annulée. Avec le recul, je me demande si c'était la vérité…

J'essaie de faire de la place à *ta racine* afin que vous puissiez renouer sereinement. J'accepte de m'effacer un peu… Tu exprimes la peur de me perdre si tes racines se réimplantent dans ta vie.

Est-ce cette personne qui me remplaça à ton école pour assister à ton spectacle de danse cette année-là ? Je ne le saurai jamais… La fête avait bel et bien eu lieu, mais je n'y étais plus conviée. Le vent tourne… doucement mais sûrement.

***

18. Trois ans de parrainage (oufti !)

*L*e retour de « *Petit Robot* » dans notre vie te fait le plus grand bien (à moi aussi). Nous attendons impatiemment l'arrivée du petit frère ou de la petite sœur, sans savoir, qu'il ou elle était déjà là... planté(e) en moi pour quelques semaines de cohabitation.

Tu es de plus en plus agressif avec tes camarades. Les questions concernant *tes racines* remplissent une grande partie de tes pensées. Je mets donc en place sans tarder un cadre avec les personnages du film « *Vice Versa©* » afin de t'aider à exprimer et à confier tes émotions. Nous faisons la différence entre les *émotions venant du cœur et des réflexions venant de la tête. Chaque soir, tu accroches l'émotion correspondant le mieux à ton humeur du jour afin que tu puisses t'y connecter.*

Une nouvelle réunion est prévue avec le *service* de parrainage, mais également avec une représentante de ton équipe éducative. Je ne sais pas ce que je peux y raconter, y confier librement sans peur d'être *jugée* ou que l'on me *culpabilise*.

Afin que tu deviennes le plus autonome possible, « *Petit Robot* » et moi mettons en place pour toi une tirelire pour t'aider à gérer ton argent de poche de manière *indépendante* et *responsable*. C'est tout un apprentissage que l'*éducation à la gestion financière*, mais tu t'en sors comme un chef ! Tu comprends rapidement le système d'*épargne*, de *gestion* ou de « *dépense compulsive* ». Tu es prudent et gères ton argent ! Nous sommes fiers de toi.

Enceinte sans le savoir, je te vois te renfermer sur toi, je suis de plus en plus incapable de te rejoindre dans ton Monde ; je n'ai pas les codes d'accès pour te retrouver dans ton Univers.

Pour une raison qui m'est totalement inconnue, alors que tu es en weekend à la maison, tu ne veux qu'une seule chose : retourner sur le champ au Domaine de *Far Far Away©*. Je ne comprends pas ton empressement, ta réaction, ni ce qui t'arrive.

Tu n'as jamais voulu écourter un weekend avec moi, prendre la fuite. C'est une première !

Ton attitude me déstabilise, m'affecte, mais j'accepte de te déposer le jour-même dans ton Domaine alors que notre weekend à deux n'est pas terminé. *Pour moi, l'expérience du parrainage devrait rester un plaisir pour toi et non une obligation, une contrainte.*

Bien plus tard, j'apprendrai que tu craignais de rater le séjour à la mer prévu par le Domaine de *Far Far Away©* ; je n'en savais rien du tout sur le moment-même… Je suis restée plantée là avec mes doutes, mes questions, ma tristesse et mon désarroi. Je sens un sentiment d'échec monter en moi.

La dame du *service* de parrainage dit que mon *exaspération* avait probablement des répercussions sur ton comportement. J'ai trouvé cette remarque violente et culpabilisante. Ni elle ni moi ne savions que j'étais enceinte à ce moment-là, et quand bien même ! Je constate que les torts sont systématiquement portés sur la famille de parrainage, sans prendre la peine de comprendre notre état d'esprit. Les torts ne sont jamais imputés au Centre, jamais au *service* de parrainage et certainement pas à l'enfant. Il n'est pas rare que la famille de parrainage en prenne plein la figure… Simple constat, après coup. Cette *culpabilisation* n'est pas pour aider ni mettre en confiance. Poser un jugement plus qu'accompagner. Cette attitude me dérange fortement.

Je ne peux et ne veux pas porter seule la responsabilité de ton état.

J'ai pris connaissance de ce séjour à la mer des mois plus tard… Comment veux-tu t'ancrer chez moi, profiter pleinement de nos weekends ensemble en ayant systématiquement la tête, l'esprit et le cœur ailleurs ? C'est tout bonnement impossible. Tu ne peux pas être à un endroit si tes pensées errent à un autre.

En weekend chez moi, il n'est pas rare que tu me demandes :

« Ils font quoi les autres maintenant ? »

« Je suis sûre qu'ils mangent des pop-corn ! »
« Tu crois qu'ils ont reçu des bonbons là maintenant Marraine ? »

Mais où es-tu exactement, mon *Poulet Croq'©* ? Tu es partout sauf ici et pleinement nulle part, tu n'es pas là.

Cet incident concernant ta demande de départ anticipé a eu d'énormes conséquences désastreuses, irréparables et irréversibles sur le déroulement de notre parrainage.

En *débriefing* avec l'ensemble de ton équipe éducative, nous décidons avec ton accord, celui de *l'Ogresse aux bras brisés* ainsi que du *Service* de parrainage, de faire une pause dans notre *duo*. Ça ne va pas du tout. Notre binôme ne s'accorde plus.

Plus tard, nous verrons que cette décision COMMUNE me sera ENTIÈREMENT reprochée alors que nous l'avions prise conjointement ! Cette pause avait été sainement décidée d'un commun accord. Un *break* à ce moment-là était une sage décision, nous permettant de prendre momentanément du recul et nos distances, car tu ne semblais plus apprécier autant nos weekends à deux. L'ennui te guettait, et tu trouvais tout « *nul* ». J'ai l'impression que tu faisais une « dépression », à rester couché, n'avoir goût à rien, semblant triste.

Tu parles de plus en plus de la mort. J'ai appris seule, des années plus tard, que ça fait partie d'une des étapes du processus de l'apprentissage. J'aurais aimé qu'on me l'explique avant. Ça m'aurait permis de ne pas m'en inquiéter outre mesure. Tu as systématiquement la tête au Domaine de *Far Far Away©* *et le corps ici*... Ça me fait de la peine. À l'inverse, tu as le corps là-bas et la tête ici. Comment veux-tu être ancré, aligné ici et maintenant dans pareilles conditions ? C'est tout bonnement impossible.

Cet enchaînement de circonstances plus ou moins anodin aura de lourdes conséquences.

Ça me fait penser après coup au concept de « l'effet papillon » …

Trois mois plus tard, nous reprenons progressivement contact.

Nous nous réfugions pour un weekend à deux à la mer afin de nous remettre de nos émotions et d'apaiser les dernières tensions subies lors de cette séparation. *Tu me confies que mon absence te faisait pleurer la nuit.* Oh mon tout petit, comme j'aurais aimé être à tes cotés pour te consoler.

Tes confidences me font pleurer en silence, car personne n'a pris la peine d'entendre ta désolation. Ça ne va pas, je le sens bien, mais j'ignore comment t'aider au mieux. J'en ai souffert également, de cette bévue. Cette séparation nous a fait plus de mal que de bien à tous les deux. Tes questions concernant *tes racines* sont toujours présentes. Je suis impuissante face à cela ; l'*Ogresse aux bras brisés* est au courant de tes fréquentes interpellations.

En toute confiance, je m'épanche naïvement et me confie de plus en plus librement à ton équipe éducative… « *Petit Robot* » entretemps a quitté définitivement ma vie. Une séparation saine, d'un commun accord. Ça ne fonctionne plus entre nous deux. Il n'y a pas d'avenir, nous n'insistons pas. Apprenons à lâcher prise à temps et définitivement pour avancer sereinement.

Charmant© refait surface comme par enchantement, pour mon plus grand bonheur. Un peu de répit, de magie, une accalmie, une éclaircie. Comme la vie est drôlement faite… Il a pris conscience de l'importance que tu as à mes yeux ; notre lien *fusionnel*, *indestructible* l'intrigue toujours autant et le dépasse ; il ne comprend pas cet amour sans limite que je peux accorder à un enfant qui est celui d'une autre. Je pense qu'il ne le comprendra jamais. Il ne connaît pas le parrainage, ne comprend pas le concept, le sens, l'intérêt. Il semble *tolérer* notre amour sans condition. Il ne souhaite pas s'attacher, sachant parfaitement que du jour au lendemain, tu ne feras plus partie de notre vie. Alors à quoi bon ?

J'ai lu un jour qu'il faut parfois neuf mois pour façonner un papa. Mais combien d'années sont-elles nécessaires pour qu'un homme dubitatif se fasse à l'idée que son autre puisse aimer un être du plus profond de son *cœur* même sans lien de *sang* ?

Mes relations amoureuses ne regardent probablement personne, mais quelle place faisons-nous à notre partenaire lorsque l'on a créé un lien de type *fusionnel* avec son enfant de *parrainage*, et quels mots adéquats pour te parler de rupture sans *te faire revivre la blessure d'abandon* ?

« Petit Robot » et Charmant© nous ont apporté tous deux, chacun à leur manière, un éclairage sur notre lien, mon grand.

À la mer, nous avons profité des joies de la piscine. Mais j'ai découvert avec effroi que tu ne sais pas nager. Ce n'est pas ce que ton équipe éducative m'avait affirmé. J'ai fait confiance, je t'ai donc mis à l'eau. Mal m'en a pris ! La prochaine fois, je t'apprendrai à nager et t'achèterai des bouées ! Ou peut-être t'offrirais-je des cours de natation, je ne sais pas encore. Je trouve primordial de savoir nager. Je fais part à ton équipe éducative du décalage entre leurs informations et tes prouesses en *brasse coulée* ! Pour seule réponse à ma remarque, j'ai reçu une missive électronique nuançant quelque peu leurs propos initiaux et expliquant que l'équipe éducative pensait que tu savais nager puisque tu allais à la piscine avec l'école…

Bref, passons… Le contact avec ton Centre *se perd petit à petit. Aucune communication claire. On dirait que j'envoie des messages à un avion qui s'est abîmé en mer. Ces prises de distances nébuleuses ne sont pas pour me rassurer.*

Une nouvelle éducatrice a repris le dossier de notre *duo*, c'est une vraie catastrophe ! Peu, voire pas de communication, informations approximatives, confusions dans les plannings, oublis ou inversions de mes weekends, rétention d'informations. Tout me semble encore plus opaque, trouble et hermétique.

Cher.ère lecteur.trice,

Préparez-vous à l'atterrissage ; nous traversons actuellement des zones de fortes turbulences.

À cet instant précis, les petits détails que je vous

ai contés tout au long de ce récit vont prendre de l'ampleur.

J'espère que vous avez suivi jusqu'ici…

Jusqu'ici… Tout va bien… comme on dit.

Veuillez attacher et ajuster votre ceinture de sécurité.

Sans vous spoiler, je peux d'ores et déjà vous annoncer que nous n'en sortons pas indemnes…

Accrochez-vous, c'est parti pour remonter (un peu) le temps…

***

19. *"Tout ce que vous avez dit pourra et sera utilisé contre vous"*

*P*eu à peu, je reçois des bribes de semblants de conversation. Le contact paraît partiellement rétabli avec « *l'avion crashé* »... Le Domaine de *Far Far Away©* entre en communication avec moi... *par bribes de tentatives d'interlocution.*

Première **sommation** détonante (et inattendue) : je suis priée de clarifier au plus vite la situation d'avec mon ex auprès des équipes éducatives et de l'enfant en question ! Je me suis confiée, le Centre a donc voulu en savoir davantage. J'aurais dû ne rien leur dire depuis le début.

Mes histoires de cœur ne regardent que moi, après tout !

Acculée au pied du mur, je n'ai malheureusement pas les mots. Je me sens démunie (et *(r)*abaissée), sans outil pour t'expliquer qu'entre « *Petit Robot* » et moi, c'est définitivement terminé. À ma tristesse s'ajoute l'obligation d'y mettre des mots et de les partager. De rendre des comptes à ton équipe éducative. Le lien entre « *Petit Robot* » et toi était si fort que j'ai peur de réveiller en toi des blessures d'abandon non cicatrisées.

J'aurais voulu trouver le meilleur syntagme, des outils, sélectionner le plus bel emballage pour envelopper le tout et t'éviter ainsi que la vérité te paraisse trop rude. Te faire part de la situation sans te projeter ma peine. Mon chagrin m'appartient, comme tu auras le droit d'être accablé si tel est ton ressenti. Je me rends compte qu'un cœur ne peut être emballé dans du *papier bulle*. Je décide alors d'aller droit au but, sans le faire de manière abrupte. Je te fais part le plus simplement du monde de notre séparation définitive. « *Petit Robot* » ne réapparaîtra jamais plus dans notre vie. Nous avons décidé de suivre des routes différentes. Il t'aime, et tu n'es pour rien dans notre décision. Point.

Mais qu'est-ce qui m'a pris de jouer la transparence dès le début avec les différents services encadrant notre *parrainage*, concernant ma situation sentimentale, mes doutes, mes observations et mes ressentis dans l'ensemble ?

Quelle naïveté ! Je n'aurais pas dû me confier.
Sur rien du tout en fait.

Je n'avais aucune obligation de leur faire part de ma vie privée, qui ne regarde personne d'autre que nous deux… Je me suis confiée, grave erreur de débutante !

Rappelons bien évidement que je me livre à vous dans le cadre d'un témoignage, mon ressenti sur mon vécu en tant que famille de parrainage à ce moment-là et dans le contexte précis que je vous transmets. Remettons régulièrement la situation dans son contexte.

J'ignore, si c'était à refaire, si les services, l'enfant et moi-même aurions agi de la même manière ?

Un service n'étant pas l'autre, bien sûr. Et, dans un service de parrainage, les travailleurs sociaux ne se valent pas humainement et professionnellement parlant. Je pense, avec le recul, que c'est un ensemble d'éléments qui nous ont amenés à ce *crash* monumental. *L'effet papillon* dont je parlais précédemment…

Traverser ces zones de *turbulences* avec des pilotes et co-pilotes mieux aguerris aurait peut-être permis de limiter les dégâts. Je n'en sais rien, je n'ai malheureusement pas été encadrée par d'autres personnes que les acteurs dont il est question dans ce témoignage, avec leur lot d'inaction, d'atonie et d'indolence pour la plupart d'entre eux.

Le projet n'est pas un match de foot, dans lequel deux équipes s'affrontent, opposant, d'un côté les favoris, de l'autre les perdants. Nous avons probablement chacun nos torts. Je ne m'autoproclame pas *Marraine* parfaite, loin de là. J'ai juste tenté de faire de mon mieux avec les moyens dont je dispose, mes valeurs, que j'ai souhaité te transmettre, et ma sensibilité au monde, que j'aspirais à partager pleinement avec toi sur le long terme. La perfection n'existe pas et nous avions tout à apprendre en continu.

La manière dont la situation a été *non gérée* tout au long de ces années me laisse un goût très amer, une impression de gâchis, de projet entamé et inachevé.

Notons, nous le verrons plus tard, que l'ensemble de la situation (et son issue) ont causé des dommages collatéraux irréversibles, notamment parmi les membres de la famille, qui ne sont hélas plus là pour témoigner de l'impact et de la violence de cette fin tragique, qui les a grièvement affectés.

Devenir famille de parrainage, c'est également ouvrir son tissu social, tant familial qu'amical. Supprimer la *Marraine* de cet enfant, c'est rompre tous les liens étendus qui se sont mutuellement tissés tout au long de ces années.

Pour ceux qui disent que j'aurais dû réfléchir avant, jamais, au grand jamais je n'aurais pensé que le Centre de l'enfant aurait pris une telle décision radicale et irréversible ! Sentence irrévocable et dommageable. Je ne le dirai jamais assez, nous ne sommes pas responsables des décisions des autres.

Si j'avais eu une boule de cristal m'avertissant de cette fin hasardeuse, je n'aurais pas pris le risque de perdre ce bonhomme tant aimé. J'aurais tout bonnement joué la carte de l'hypocrisie et du silence feint. Me taire à tout prix pour être tranquille et mener mon parrainage comme je l'entendais... J'aurais très bien pu garder pour nous deux ce bricolage, ne rien dire, en faire un secret ; ce serait passé. J'aurais toujours été dans le circuit si je m'étais tue. Si c'était à refaire, je me serais muselée.

Peu à peu, je vous prépare à l'issue fatale de cette expérience de parrainage, qui pourtant sur papier avait tout pour réussir et perdurer tant que ma présence en tant que Marraine aurait été nécessaire dans la vie de cet enfant.

Je me rends compte, mon grand, que je m'adresse davantage aux lecteurs qu'à toi dans cette partie. Ils ne sont pas prêts... Nous-mêmes n'avons rien vu venir. J'essaie de les préparer... Je suis adulte, et je ne m'en remets toujours pas, même des années plus tard. Je n'ose pas imaginer l'impact que cette situation a (eu) sur toi alors que tu n'es encore qu'un enfant (fragilisé par la vie, de surcroît).

Je me permets de prendre la plume en nos noms à tous, pour toi, pour moi, mais également pour la famille, mes amis, à qui tu manques terriblement. Personne ne daigne nous entendre au niveau de *certaines* institutions impliquées dans notre situation. Toutes semblent sourdes, obtuses et mollassonnes. C'est insupportable de hurler et de ne pas être entendue ! D'être à ce point ignorée, empêchée, décrédibilisée, effacée, snobée et mise de côté. On est considéré comme quoi en fin de compte, en tant que famille de parrainage ? J'ai l'impression d'être vue désormais comme un immense tas de bouse gênant le passage et qu'il est primordial de jeter au compost.

Je ne cesse de penser à cet arbre qui tombe dans la forêt en produisant une onde de particules dans l'air. S'il n'y a personne pour l'entendre, ou vouloir l'entendre, sa chute ne produit pas de son, ni d'ondes acoustiques ayant un effet sur son environnement. *Peut-on dire alors que cet arbre fait du bruit en tombant ?*

Un sentiment de déception, de frustration, de colère et d'épuisement mélangés grandit au plus profond de moi.

Pour en revenir à ma rupture avec mon ex, ce sont des choses qui arrivent dans une vie d'adulte, tu sais, mon grand. Sache que ça existe… Bien que douloureuses parfois, ces séparations font partie d'un processus d'accomplissement personnel.

J'ai décidé de t'avertir qu'à ton prochain retour au *Cocoon*, « *Petit Robot* » ne serait plus là pour nous y accueillir. Je voulais t'éviter toute mauvaise surprise, tout sentiment de « *trahison* » à ton retour à la maison. J'ai demandé des conseils aux services encadrant notre parrainage, afin qu'ils puissent m'aider à trouver les *bons* mots pour t'annoncer cette séparation. Je n'ai pas reçu de réponse. J'ai dû me débrouiller seule pour leur fournir (et te donner) une clarification de la situation. Déverser l'intime en public. Je les avais bien trop souvent habitué à tout leur confier au sujet de ma vie privée et ce, en toute confiance, m'étaler en confidences...

Mes deux relations sentimentales furent qualifiées d'*INS-TABLES* plus tard par les services qui nous encadrent ! Un nouveau jugement de valeur. *Relations bancales,* alors que j'ai passé deux fois trois années en couple avec ces hommes. Certes, il y a eu des cassures, des zones de turbulence et des pauses, mais tu étais averti de **ces changements** pour que tu puisses t'y préparer au mieux. Je n'allais pas t'inventer que « *Petit Robot* » était parti en vacances pour une durée indéterminée ! *Cette manie de te cacher la vérité m'irrite au plus haut point,* car tu es parfaitement en mesure de comprendre les choses, si on te les explique avec des mots simples et adaptés à ton âge. Qu'aurais-je dû dire pour te parler de notre rupture ? Certes, ce sont des problèmes d'adultes mais qui t'impactent d'une manière ou d'une autre. Cessons de faire semblant !

Je ne suis pas femme à forcer une relation si elle ne prend pas forme. Aucune règle n'impose à un couple de rester ensemble pour la *pseudo-stabilité* des enfants si ça ne va plus entre les conjoints. Nous avons pris cette saine décision d'arrêter les frais. Faire semblant ne réussit à personne... La vie ne s'arrête pas à une rupture amoureuse, aussi douloureuse soit-elle. Aussi surprenant que cela puisse sembler, on s'en remet ! Des coups durs, ça arrive. C'est un peu comme lorsque tu tombais de ton vélo, tu te souviens ? Tu te relevais, faisais le point et continuais ta route. La vie, c'est comme ça parfois, mon grand : tomber, *évaluer la situation,* se relever et continuer (apprendre de ses erreurs pour devenir meilleur).

Les conseils que je te donnais à vélo sont valables également pour moi. Je m'efforce de les appliquer. Pédale pour éviter de perdre l'équilibre, poursuis ta découverte de la vie, du monde, il a bien plus à t'apporter encore ! Continue ta route !

Malgré les changements que je traverse, je reste là pour toi, les deux pieds bien ancrés au sol, le dos solide et les épaules larges. Consciente qu'en dehors de ton équipe éducative, tu n'as personne d'autre sur qui compter… Et même si j'ai du mal parfois, je m'accroche car je sais que malgré les tumultes, nous arriverons à construire ensemble quelque chose de sain, stable, épanouissant et durable. Que (re)construire notre *duo* prendra du temps mais que malgré la tempête, nous arriverons à une destination ensoleillée. Tu peux avoir confiance en toi, je serai toujours là pour toi. Derrière les nuages, le soleil finira par nous inonder. Je reste motivée et pleine d'espoir. Tout ira bien, mon grand, je te le promets. Tout ce que je te demande, c'est de poursuivre tes efforts concernant l'expression saine de ta colère et de ta tristesse, car ça ne s'améliore pas.

La violence ne résout rien ; tu te fais autant de mal qu'aux autres.
Tu n'es pas une mauvaise personne, mon grand, je tiens à te le rappeler, mais parfois, tu fais de mauvais choix, qui ont des répercussions.

Excuser systématiquement ton comportement sous prétexte que tu n'as pas eu une vie facile n'est pas non plus une solution ! Comme je te l'ai toujours dit, ce n'est pas parce que l'on a un départ de vie difficile, un parcours compliqué que ça détermine à jamais la personne que tu deviens.

À toi de **choisir** ce qui est bien et de laisser tomber ce qui ne l'est pas. Ça, tu es parfaitement en mesure de le faire. Distinguer ces deux pôles et prendre tes décisions en conséquence, sachant parfaitement que, tôt ou tard, tu auras à en assumer les retombées de manière responsable.

Un aveu, de profondes excuses (sans recommencer !), un remboursement, une réparation, une discussion dans l'écoute active et la compassion, ou des tâches pour l'intérêt général, sont autant de manières non exhaustives de réparer tes mauvaises décisions/actions.

Même jeune, tu es parfaitement capable de prendre conscience du lien de cause à effet. À une autre échelle, plus tard, la société fait en sorte de rester dans le même schéma de *réparations* suite à des méfaits commis par des citoyens civilement responsables. Le principe reste fondamentalement le même. Tout n'est pas excusable « *sous prétexte de…* ». Pour moi, le *bagage de vie* n'excuse en rien un comportement agressif. Je peux comprendre qu'un besoin d'exprimer ta colère se fait ressentir, mais pas de cette manière.

Comprendre oui, accepter, non.

Dans les « *faits divers* », on entend parfois cette phrase : « *Il/elle n'a pas eu une vie facile, trimballé(e)* **de famille d'accueil en famille d'accueil**… »

Et alors ? ai-je envie de dire…

Ces situations sont-elles systématiquement considérées comme faisant partie de la catégorie « *circonstances atténuantes* » ? Je n'en suis pas certaine.

Sous prétexte que tu as eu une vie difficile, tout serait acceptable et pardonnable ? Où va-t-on ? Quel message te passe-t-on dans ce cas ?

Aimer, selon moi, c'est aussi poser un cadre, des balises et des limites ! Te permettre d'être en phase avec les exigences d'une société afin que tu puisses t'y sentir pleinement inclus.

Je me rappelle le reproche que ta directrice m'a entre autres assené concernant l'éducation jugée trop rigide selon elle que j'ai reçue de la part de mes *chers* parents. Je n'élève pas avec des coups, je n'adhère pas à la violence, mais je reste *encadrante,* je le reconnais. Je souhaite que tu sois intégré, impliqué et que tu te sentes parfaitement adapté à la société à laquelle tu appartiens. Je te sens en dehors du coup, inadapté, *déphasé.*

Petit bonhomme que tu es, c'est extrêmement dur comme constat, j'en suis consciente, mais posons-le et voyons ensemble comment nous pouvons te permettre de te sentir mieux. Repense au fait que tu es partie intégrante de cette systémique, ce tout, cette société, ce Monde, que tu n'es en rien le *laissé pour compte,* le marginal inadapté social - *sous prétexte que...*

Tu n'es pas celui qui, sans racines fixes, trimballe son vague-à-l'âme en peine, dans tes lourdes valises, en ne sachant pas où les poser. Celui ayant constamment la tête et le corps à deux endroits différents, celui ne sachant pas où aller et pensant que personne ne veut de toi pour celui que tu es, que tu incarnes, un petit garçon indigne d'être aimé pleinement.

J'essaie de te faire comprendre que tu n'es pas en marge de cette civilisation, malgré le fait que ton cadre familial n'est pas « *traditionnel* », que ta structure de vie ne ressemble pas à d'autres, n'est pas habituelle, n'entre pas dans les cases « *prédéfinies* ».

Peu importe, nous disposons tous de nos histoires, bagages, particularités, c'est notre singularité. Ce qui fait de nous des êtres uniques et enrichissants pour ceux se donnant la peine d'apprendre à nous connaître de manière honnête et bienveillante. Tu le mérites, comme tant d'autres personnes.

Relève la tête, mon grand, tu disposes de toutes les cartes en main pour mener ta vie exactement comme tu le souhaites, et cela commence par faire les choix adéquats en phase avec les valeurs saines et simples dont tu disposes déjà malgré ton jeune âge. Apprendre cela dès maintenant, te permettra de t'adapter plus facilement à cette systémique, de la comprendre, te l'approprier et t'intégrer au mieux.

À dix-huit ans, ton centre t'invitera à voler de tes propres ailes, autrement dit, « *demain* » tant le temps s'écoule rapidement.

Je souhaite t'expliquer également que tu seras confronté à des personnes qui n'ont pas la même compassion à l'égard des jeunes et jeunes adultes ayant eu une vie difficile, envers les enfants dits « *placés par le Juge* », et pour cause, nous avons chacun nos épreuves à traverser, nos bagages de vie à porter. Il n'y a pas de « *graduation* » dans l'échelle des malheurs personnels. Tu rencontreras des personnes insensibles à ta vie, ta situation, qui ne te trouveront aucune *circonstance atténuante*, aucune excuse à tes mauvaises actions. Seras-tu fier de toi si tu fais les mauvais choix ? L'âge adulte démarre dans sept ans pour toi, cette étape de vie t'amènera à porter seul les conséquences de tes actes, autant apprendre dès maintenant à faire les bons choix.

Nous sommes tous éprouvés par la vie ! Lequel d'entre nous est plus légitime que d'autres, plus facilement excusable, pardonnable et sur quels critères d'éligibilité se baserait-on ?

C'est un non-sens, d'après moi ! *Comprendre oui, accepter, non.* Derrière chaque droit se cache un devoir, penses-y ! C'est un conseil pour la vie.

Je pense qu'il est important de prendre conscience (connaissance) de son début de vie (des informations dont nous disposons du moins), afin de *se l'approprier* et assimiler ensuite, le plus tôt possible, si tant est que la *maturité* de l'enfant le permette, le fait qu'un début de vie difficile ne définit en rien ce que nous devenons pour le restant de notre passage sur Terre.

Se réparer avant tout, s'accepter pour ce que l'on est et devenons, admettre que tout n'a pas toujours été parfait dans notre vie, mais que l'on a le pouvoir au jour le jour, d'être une personne meilleure en faisant de notre mieux. Parce qu'on se le doit... à soi-même avant tout ! Sache que tu vaux la peine d'être connu, mon grand, la peine d'être aimé sans avoir à prouver ta valeur à qui-conque. *Tu as les capacités, les compétences pour arriver à t'en sortir.*

Cette prise de conscience ne remet en rien en cause l'amour que j'ai pour toi, mais je n'accepte pas la violence avec laquelle tu sembles avoir de plus en plus de facilité à t'exprimer.

À ce stade-ci, tu es parfaitement capable de discerner par toi-même ce qui est bien de ce qui ne l'est pas. C'est de ton ressort. Je crois et j'ai confiance en toi. Avant de te comparer aux autres, compare-toi à celui que tu étais hier ; as-tu pris les bonnes décisions ? Auto-analyse qui te permettra d'être fier de toi. Un bon début vers l'apaisement, la sérénité, la fierté et l'estime de soi.

Ce sont mes valeurs que je t'inculquerai entre autres à travers le partage d'une discipline que j'affectionne particulièrement. À savoir, le tir à l'arc.

(Ne me demandez pas si cet enfant dispose des capacités nécessaires, ou de la maturité suffisante pour comprendre ces mots ; il en a du moins les *aptitudes*, croyez-moi. Je vous avais bien dit qu'il avait un petit quelque chose de spécial... J'ai l'impression que « ces *enfants-là* » atteignent pour la plupart, plus rapidement les portes de l'âge adulte, tout en restant des mineurs en développement constant, j'en suis consciente. Mais par moments, c'est assez déroutant.)

***

11/7/2018

À ce jour, je reçois une réponse de « *l'avion accidenté* » (c'est ainsi que je nomme désormais le Domaine de *Far Far Away©),* concernant une question que j'ai posée en... août 2014 ! Quatre ans auparavant...

 Le voile se dissipe peu à peu. Une lueur d'espoir dans ce tourbillon d'émotions...

Serions-nous enfin en train d'arriver à nous coordonner, tous acteurs de ce parrainage confondus ?

(Une fois de plus, je me berce d'illusions et ma candeur me propulsera définitivement contre un mur).

L'équipe éducative du Domaine de *Far Far Away©* envisage l'éventualité d'entamer un travail t'amenant à déconstruire tes croyances sur tes racines. C'est un travail extrêmement complexe et délicat…

En effet, plusieurs années se sont écoulées depuis les premières fois où j'ai tiré la sonnette d'alarme. Quatre printemps ont passé. Ton *manteau d'illusions* tricoté au fil du temps te colle désormais au corps comme une seconde peau.

Il est devenu si solide qu'on dirait une *mini-carapace*, une cotte de mailles, qu'il va falloir détricoter. Apparemment, c'est un *mécanisme de défense* fréquent pour la plupart des enfants du Domaine de *Far Far Away©*, m'explique (enfin) un membre extraordinaire de ton équipe pluridisciplinaire (Ly. cœur sur elle). Cette éducatrice effectuant un bref intérim dans notre parrainage a pu cerner mes besoins de comprendre, d'être rassurée, et m'explique avec des mots ce que tu as du mal à exprimer. Je ne la remercierai jamais assez pour ces précisions, sa patience, ses explications. Malheureusement, cette dame quittera à jamais le Domaine et disparaîtra rapidement.

Dans le fond, je ne sais pas ce qui me rassure le plus. Ne pas avoir reçu de réponse pendant toutes ces années... Ou savoir que tu adoptes inconsciemment un mécanisme de défense fréquent et connu de tes éducateurs, qui ne se sont pas donné la peine de me l'expliquer durant tout ce temps. Tu as construit et développé un mode automatique de défense, d'infranchissables barbacanes, tant d'efforts pour être intouchable, contre quelle menace exactement ? Je ne le saurai jamais.

Prendre conscience que tu mets en place naturellement des stratagèmes « *par mesure de protection* » me donne l'impression qu'on n'est pas encore sortis de l'auberge et que le bout du tunnel est inatteignable.

Que faisons-nous avec cette information, maintenant que c'est dit ?

L'essentiel à ce stade-ci, dans un premier temps, étant que tu puisses prendre conscience des personnes présentes réellement pour toi à tes côtés et fiables, sur lesquelles tu peux compter et vers qui tu pourras toujours te tourner.

J'espère que tu es bien conscient que j'en fais également partie. Je suis là pour toi et le resterai à jamais, je te le répète. Je ne vais pas m'envoler, je n'abandonnerai pas. Je ne te lâche pas !

Qui a dit « *ne jamais dire jamais ?* »

 Nos weekends ensemble s'enchaînent plus fréquemment, avec l'accord de chaque intervenant de notre parrainage. C'est un réel plaisir, de pouvoir t'accueillir plus régulièrement au *Cocoon*, nos **échanges hebdomadaires de missives électroniques** me remplissent de joie !

Nous sommes attachés à cette tradition du courrier du cœur, pour notre plus grand bonheur, c'est du miel qui nourrit l'âme ! Parenthèses enchantées, rien qu'à nous. Nous nous livrons l'un à l'autre, sous l'œil attentif de ton équipe éducative (tu n'as pas encore appris à lire). Nous nous confions à cœur ouvert !

Je pense t'inscrire à un cours d'anglais adapté pour te permettre de maîtriser une langue supplémentaire ; je souhaite t'offrir un bagage additionnel pouvant t'apporter les ressources nécessaires qui te seront utiles pour t'en sortir dans la vie.

La pratique de plusieurs langues est un atout non négligeable. Être bilingue au minimum t'aidera pour travailler, voyager *(voire draguer, plus tard, qui sait).* Bref, je souhaite te permettre de t'en sortir par toi-même.

Concernant ma proposition pour les cours d'anglais, soumise par écrit à ton équipe éducative, je reçois comme réponse de la part de ton centre :

Permission refusée par le Domaine de *Far Far Away*© !

Octobre 2018

Ce soir c'est décidé, nous allons percer l'abcès en discutant à deux de ta montée de violence.

Nous en parlons clairement, à cœur ouvert, et j'essaie de te comprendre, de t'écouter, de percer un peu ta carapace. Tu m'exprimes ton souhait de pratiquer la boxe. Je n'y suis pas opposée (ne me demande pas, par contre, d'assister à un combat ; c'est au-dessus de mes forces ; rien que l'idée de te voir « *marqué* » me donne des haut-le-cœur. Tu n'es pas mon fils, néanmoins, je n'ai pas envie que quelqu'un te refasse le portrait). Si la pratique de la boxe peut t'aider à te canaliser, à extérioriser de manière cadrée et t'apaiser, je ne suis pas contre l'idée.

Les valeurs éducatives de ce sport, telles que la confiance en soi, le respect, la persévérance, la rigueur, la précision, le respect de ses limites et de celles des autres, le courage, la discipline, la tactique et la détermination semblent correspondre à tes besoins actuels. Je n'affectionne pas particulièrement ce sport, mais suis à l'écoute de tes envies et surtout, de tes besoins.

J'en fais part à ton équipe éducative.

Concernant ma proposition pour les cours de boxe, soumise par écrit à ton équipe éducative, je reçois comme réponse de la part de ton centre :

Permission refusée par le Domaine de *Far Far Away*© !

Je n'insiste pas. Après tout, **je n'ai aucune autorité parentale**, je ne fais que transmettre tes souhaits.

Ces refus systématiques commencent à m'interpeller…

Je te laisse assimiler notre discussion concernant ton utilisation de la violence à très mauvais escient… Par moments, je te sens de nouveau comme totalement *déconnecté*, ailleurs. Depuis toutes ces années, j'ai pris l'habitude de cerner quand tu es « *là* » et quand tu « *ne l'es plus* », par moment, ça ne sert à rien de s'entêter ; le dialogue passera mieux à un autre moment. Ton cerveau surchargé surchauffe parfois j'ai l'impression.

Lorsque tu sembles être *absent*, tu te réfugies dans un monde imaginaire, duquel tu verrouilles tous les accès. Je n'ai pas les mots de passe pour m'y rendre… Je n'insiste pas. Je sais que le message est bien passé, qu'il fera (peut-être) son petit bout de chemin.

Tu exprimes régulièrement ton envie de vivre plus souvent au *Cocoon* avec moi, et moins au Domaine de *Far Far Away*©… Je l'entends, mais qu'ai-je le droit de faire sans outre-passer mon cadre de famille de parrainage ? Il semblerait que tu souhaites une famille.

J'ai l'impression que ni toi ni moi ne sommes réellement entendus, ni compris, ni même pris au sérieux. Certains éducateurs pensaient que tu avais envie de rejoindre « *ma famille* », passer du parrainage à un autre projet (c'est également mon impression ainsi que celle de nos proches). D'autres éducateurs en revanche ne voulaient pas entendre parler d'une adaptation de ton projet.

Quant à nous mon grand, nous continuons encore à consolider notre lien, nous accorder une confiance mutuelle, nous y arrivons progressivement.

Je cherche des cours de yoga « *parent-enfant* ». Si ton projet de boxe n'est pas accepté par le Domaine de *Far Far Away©*, peut-être que le yoga le sera ? L'idée étant de t'apprendre à canaliser, voire extérioriser le plus sainement possible ton trop-plein d'émotions, à me faire davantage confiance. Et aussi à nous rapprocher. Calibrons.

Tu grandis, je souhaite adapter au mieux nos activités du weekend en fonction de tes goûts, ton rythme, tes envies, tes centres d'intérêt, ton âge et nos besoins. Je crains que tu tournes en rond lors de nos weekends au *cocoon* et que l'ennui s'installe. J'en parle à ton équipe éducative, qui m'explique qu'apprendre à s'ennuyer fait appel à l'imagination... Je n'organise pas des weekends ensemble pour que tu passes ton temps à t'embêter chez moi. Je n'en vois pas l'intérêt ! Leurs propos manquaient probablement de nuances, mais je n'ai pas à les interpréter, au risque de les déformer, les dénaturer.

Une nouvelle réunion est prévue avec le *service* de parrainage, un représentant du Domaine *de Far Far Away©* et moi.

Entretemps, je te donne une technique pour canaliser immédiatement ta colère lorsque tu la sens s'infiltrer en toi tel du venin. Ça semble fonctionner à merveille. C'est un procédé de *pleine conscience* que l'on donne aussi à certains adultes pour les aider à s'apaiser immédiatement.

De plus, (en accord avec ton équipe éducative), nous continuons de nourrir la « *boîte à questions* » dans laquelle tu déposes encore de temps en temps les interrogations occupant énormément de place sur ta *carte mère* et dans ton cœur.

J'aimerais t'aider à évacuer toutes tes préoccupations légitimes mais Ô combien encombrantes !

***

20. *Tes racines...*

Désormais, tu n'évoques plus aussi spontanément le sujet de *tes racines*. On dirait qu'en avançant en âge, une sorte de *pudeur* s'installe, comme si tu y avais jeté un voile de tabou. Tout se mélange dans ta tête, les apparitions des uns, les absences des autres, les disparitions de certains... Tu compartimentes et verrouilles de plus en plus tes pensées. À qui te confies-tu réellement ? Je me le demande. À qui vides-tu ton sac de trop-plein ? J'espère que tu ne gardes pas tout pour toi. C'est bien trop lourd pour un garçon de ton âge.

Tu ne parles plus autant qu'avant de tes racines et des va-et-vient des uns et des autres dans ta vie. Tu sélectionnes tes questions, fractionnes tes idées, réfléchis à tes interactions, cloisonnes tes souvenirs, choisis tes mots, étouffes tes maux, tu t'adaptes à ton interlocuteur, fais taire tes pensées et maîtrises à la perfection ta communication.

Quelle gymnastique de l'esprit ! Tout ça pour un enfant de sept ans et demi. Je vois bien que tu te retiens de dire certaines choses. Je n'arrive pas à cerner si ce n'est qu'envers moi que tu *paramètres* tes idées, ou si tu le fais spontanément avec tout le monde ?

J'essaie de t'observer et de t'écouter lorsque tu t'adresses à d'autres personnes... et j'ai ma petite idée. Je suis étonnée par tes capacités d'adaptation ! Ce ne sont pas des préoccupations de ton âge pourtant. Tu es capable de t'accommoder et de scinder tes déclarations en fonction de ton allocutaire et de ce que tu penses qu'il aimerait entendre. Ton *accommodation* me laisse perplexe... J'imagine que ce comportement doit te demander énormément d'énergie, de concentration et un travail de mémoire hors-norme ! Tu satures de plus en plus ton disque dur.

Tes préoccupations, ton « *hyperactivité* », diagnostiquée ou non, ainsi que tes troubles du comportement entre autres font prendre à ton équipe éducative la décision de te faire admettre dans un enseignement spécialisé. Je suis très surprise car pour moi, tu disposes des capacités *cognitives* de suivre un enseignement ordinaire mais là n'était pas la question. Si j'ai bien compris, tu as besoin d'un encadrement pédagogique adapté, de classes et de professeurs formés pour subvenir à tes besoins afin de t'apporter un encadrement scolaire te permettant au mieux d'apprendre et de t'épanouir à ton rythme. *Tes équipes éducatives savent ce qu'elles font.*

Tu ne sais pas accorder toute ton attention à ta situation personnelle, gérer ton comportement et suivre à l'école. C'est beaucoup trop pour un enfant de ton âge ! Tu fais partie d'une des catégories des huit types en vigueur dans l'enseignement spécialisé.

J'ai compris très tard et par moi-même la décision de ton centre de te placer dans ce type d'enseignement. Après en avoir saisi le sens, j'accepte leur choix. En toute franchise, ce n'est pas comme si j'avais mon avis à apporter. Néanmoins, des explications m'auraient aidée à mieux comprendre cette décision et l'intérêt de celle-ci. Je ne connais pas le système de l'enseignement *spécialisé* ni ce qui le différencie à ce point de l'enseignement *ordinaire*. Tant que tu es heureux, épanoui, que tu te sens en confiance et te sens à ta place, c'est le principal pour moi.

Concernant l'ampleur du développement du lien entre une de tes radicules et toi, faisons plus simple. Je voudrais que tu saches que c'est *ok* pour moi si tu renoues avec certaines de *tes racines*, je ne vais pas disparaître pour autant. *Ce n'est pas parce que les uns réintègrent ta vie que les autres devraient en disparaître.*

Je suis persuadée qu'il y a de la place pour nous tous auprès de toi. Tout est question d'organisation. Chacun a sainement quelque chose à t'apporter. Du moins, c'est ce que je pensais naïvement.

Ces quelques mots semblent t'apaiser un brin… Pour t'aider à remettre de l'ordre dans tes idées, je propose à ton équipe éducative de réaliser avec toi un *bricolage* reprenant le peu d'informations dont nous disposons concernant *tes racines,* afin de remettre le tout en place dans ta tête de manière ludique, encadrée, décontractée et adaptée. Un peu comme si nous tentions de disposer les pièces d'un puzzle, malgré le fait qu'il en manquera certaines.

Professionnellement, j'ai déjà eu l'occasion à plusieurs reprises d'aborder des sujets personnels et sensibles avec des **enfants** fragilisés à travers *la pratique pédagogique de l'art et des bienfaits du développement de l'art-thérapie comme outil afin d'exprimer ce que l'on ne peut décharger avec des mots.*

J'attire votre attention sur le fait que sans l'expérience et les compétences requises, cette activité peut s'avérer extrêmement dangereuse et créer des séquelles irréversibles sur le développement de l'enfant.

Selon moi, on ne ment pas aux petits. On adapte la manière de leur apprendre leur vérité en fonction de la personnalité, de l'âge, de la maturité, du rythme et de la sensibilité de chacun, avec des outils adaptés, des mots et une manière adéquate.

Surtout que tu posais des questions de plus en plus **concrètes** et précises concernant ce que nous te cachions délibérément (un mensonge par détournement de la vérité, avec lequel je me sens de moins en moins à mon aise de t'infliger). Ton équipe éducative était régulièrement avertie de ton besoin de savoir, de comprendre, d'être éclairé, mais depuis toutes ces années, rien n'évoluait. Je souhaite être loyale envers toi, mon grand. Je n'avais pas envie qu'un jour tu me regardes dans les yeux et me dises :

« Alors comme ça, toi aussi tu le savais Mammouth, et tu ne m'as rien dit ? Tu m'as caché la vérité… je te faisais pourtant confiance et tu m'as menti. »

Peut-être que tu ne te serais pas exprimé avec ces mots, mais je pense que ce reproche aurait été formulé à mon égard tôt ou tard. Je n'avais pas envie d'en arriver là. Je n'ai pas le droit de te mentir (même en édulcorant ou éludant certains événements de ton début de vie). Un mensonge, qu'il soit petit ou grand, comme disait mon médecin de famille, reste un mensonge.

À travers le bricolage que je te proposais, je souhaitais t'aider à visualiser symboliquement *tes racines*, te permettre de prendre conscience que tu fais partie d'un tout, d'une *systémique*. J'espérais t'aider à retirer cette épine du pied malgré le peu d'informations dont nous disposions. Tes liens familiaux sont des sujets extrêmement délicats. À presque huit ans, on est grand mais encore un peu jeune malgré tout.

À quel moment aurait-il été le plus opportun d'annoncer tes vérités ?
Plus tôt ?
Maintenant ?
À ton adolescence ?
À l'âge adulte ? Quand ?
À quelle période aurait-il été plus digeste pour toi d'apprendre tout cela ?

Je parle de mon idée de bricolage à ton équipe éducative… Et quelle n'est pas ma surprise de la voir acceptée et validée !

Permission accordée par le Domaine de Far Far Away© !

Feu vert ! Go go go !
J'aurais dû me méfier de cette approbation soudaine, sentir arriver le danger. Mais j'étais si contente, confiante, heureuse et enthousiaste que je n'étais pas *aux aguets*. Erreur fatale, je n'ai pas senti le vent tourner, vu le piège se refermer sur nous deux à jamais.
MAYDAY ! MAYDAY !
La situation de détresse est enclenchée !

***

Je viens d'être touchée sans sommation d'une balle en plein cœur !

(Nous progressons vers la fin de ce récit...)

Je suis enthousiaste à l'idée de confectionner ce bricolage important avec toi ! Un moment créatif rien qu'à nous deux, comme nous en avons l'habitude et le plaisir, avec, une fois n'est pas coutume, la collaboration (lointaine) de ton centre.

J'ai découpé au préalable des petits éléments de décoration en lien avec la forêt, que tu pourras sélectionner et coller à ta guise. Je souhaite te donner la possibilité de contrôler l'entièreté de cette activité. Cet arbre te ressemblera, ce sera le tien, selon ta vision. J'ai hâte que tu puisses le créer et te l'approprier ! À chaque élément que tu choisis, je t'apporte une information dont je dispose concernant tes racines... un élément de réponse.

Une conversation saine, sereine, détendue et dénuée de sujets interdits s'installe naturellement entre nous, en toute confiance et simplicité, parfois même avec humour, en musique, dans la joie et la bonne humeur. Je réponds à tes questions avec les éléments dont je dispose, avec douceur, tendresse et bienveillance.

Peu à peu je te vois retrouver le sourire !

Je lève délicatement le coin de ce voile de tabou duquel tu t'es recouvert ces derniers temps.

J'ai l'impression d'entendre tes verrous s'ouvrir les uns après les autres… Il était temps, mon grand.

Je vois tes épaules s'alléger à vue d'œil d'un fardeau invisible et pourtant bien trop lourd à porter pour un enfant de ton âge. Au fur et à mesure que les minutes s'écoulent, je te vois te redresser bravement ! Ce n'est pas une illusion d'optique, tu te tiens droit et fier à présent !

Le titre de notre bricolage à quatre mains m'a valu une triple fracture du crâne. Je l'ai intitulé :

« Mon arbre génial & logique » !

Il est beau comme tout, « *vivant* », debout, digne, coloré, florissant, et il semble solide.

Nous sommes tous les deux très fiers du résultat et de ce moment intimiste passé à deux ! Ton arbre est magistral ! Tu as enfin la possibilité symboliquement d'être acteur de ta vie, de pouvoir concrètement te l'approprier, la prendre en main, et reconstruire en douceur le puzzle de ton début de vie à travers ce bricolage avec les quelques informations dont nous disposons et les autres manquantes, qui resteront des énigmes. Nous l'acceptons également. Tu as eu l'occasion, si tu le souhaites, de placer tes proches où bon te semble. Je reste convaincue que *tu savais* déjà mais tu avais besoin de l'entendre.

Je pense qu'au fond de toi, sans pouvoir y mettre des mots, tu comprenais ta situation.

Tu étais dans l'attente que l'on perce le mystère en toute transparence pour valider tes doutes et tout remettre en place. Lorsque je découvre dans ta tablette plusieurs années plus tard tes photos prises sous ton angle de « *bonhomme* » de sept ans et demi, l'arbre paraît encore plus majestueux ! Je le photographie également pendant qu'il sèche pour présenter le résultat final à ton équipe éducative ! Je suis si fière de nous, de ce bricolage à quatre mains. Nous formons une équipe de choc !

Nous rangeons tout. Tu prends conscience que *tu n'es pas si seul que tu le pensais*, comme tu m'as dit avec le sourire :

« *En fait, il y a plein de gens autour de moi !* »

Ce sont tes mots.

C'est peut-être ça dont tu avais besoin, prendre conscience de ton intégration dans une systémique inclusive dont tu fais légitimement pleinement partie !

En secret, j'organise déjà ton anniversaire de huit ans, c'est dans un mois ; je prépare les invitations en cachette, et je prends contact avec un magicien. La magie t'intéresse de plus en plus.

J'ai envie de te faire plaisir, inviter nos proches, que tu puisses t'amuser, profiter, tout en conscientisant qu'en effet, tu n'es pas tout seul comme tu l'as si bien résumé après notre bricolage.

Tu es entouré de personnes qui t'aiment et viendront spécialement pour toi à l'occasion de ton anniversaire. Tu n'es pas *l'oublié*, en marge de la société, celui que l'on met de côté, non, tu es le fêté ; celui que nous avons envie de gâter, de mettre à l'honneur pour ce que tu es !

Ta Noël est arrivée un peu plus tôt, un immense camion de pompiers de la *PAT PATROUILLE* (tes nouveaux héros préférés). Hâte de voir ta réaction à l'ouverture de ce cadeau, qui t'attendra sous notre sapin ! Il me tarde de passer les fêtes tous ensemble en famille. Nous devons attendre six jours.

La réception se prépare à grands pas ! Tu as hâte d'être parmi nous. Tout est prévu et s'organise avec l'euphorie propre aux préparatifs et festivités de fin d'année !

Tu me demandes à plusieurs reprises si je remplace ta maman. Tu en as une, mon grand, je suis ta Marraine. Néanmoins, je te demande ce que toi tu en penses et ta question se transforme en affirmation. Je suis très touchée.

Je ne remplace personne selon moi, mais je complète, *par défaut*, ce que tu « *as* » déjà. La place que tu décides de me donner me touche profondément, mais je ne sais pas comment accueillir ton ressenti. Je le respecte, et je te considère également *comme mon fils*. Nous sommes tous deux en accord avec cette re-définition de nos liens.

Ta boîte à questions pour te vider l'esprit se rempli petit à petit, on dirait bien que tu avais besoin d'évacuer tous tes questionnements, régler ce *flou* qui t'encombre le cœur et la tête. Te permettre de faire la *mise à jour* afin d'avancer le plus sereinement possible dans la vie, en ayant l'esprit dégagé, d'un pas plus assuré.

Un bon délestage est le bienvenu !

Par réflexe, tu lèves soudainement la main sur moi pour affirmer un désaccord. Comme tu le sais, je n'accepte pas ce type de comportement, je t'invite à y réfléchir seul dans ton coin pour faire redescendre la pression. Non sans une arrogance, qui me décroche un sourire intérieur, tu me dis :

« Je vais dans quel coin Marraine ? Je les connais déjà tous par cœur. »

Ne pas sourire surtout, rester cohérente avec cette « *sanction* »...

Nous en reparlons longuement et calmement lorsque *ta* punition est levée. Spontanément, tu me présentes tes profondes excuses. D'un commun accord, nous décidons d'en parler à ton équipe éducative...

Plus tard, il me sera reproché de t'avoir mis au coin. La directrice du centre m'explique que ce ne sont pas des mesures qu'ils utilisent. Curieusement, depuis qu'elle a pris la décision de nous séparer définitivement, je n'ai jamais autant entendu la Directrice de ton centre s'exprimer !

En effet, lorsque je demandais des conseils tout au long de notre parrainage, j'avais extrêmement peu d'interactions, de pistes, de suggestions, mais pour fustiger mes méthodes après coup, les langues se délient et se montrent plus loquaces !

À la fin de ce weekend très riche en émotions, j'envoie une missive électronique comme à chaque fois, résumant notre weekend de *parrainage*. Bien sûr, je profite de l'occasion pour présenter le bricolage dont nous étions si fiers tous les deux.

À en juger par notre complicité, nos rires, sourires, blagues, notre décontraction et notre enthousiasme, nous avons pris plaisir à créer ensemble ce bricolage, malgré le fait que nous abordions un sujet *inconfortable* pour toi.

Ma missive électronique envoyée au Domaine de *Far Far Away*© est restée lettre morte.

« *L'avion* » *en perdition* a définitivement cessé d'émettre, toutes connexions à jamais rompues. Un *crash* monumental, que je n'ai pas vu venir. Sans crier gare, le *parrainage* effectue un virage à 360° avant d'entamer sa chute et sa perdition. Autant d'années à apprendre, à s'apprivoiser balayées d'un revers et renvoyées à néant. Le parrainage s'arrête là.

Finis à tout jamais les weekends mensuels ensemble, finis nos échanges de lettres, finies nos vacances. Fini notre binôme.

Je n'ai plus le droit d'exister dans ta vie à compter de… maintenant !

L'hypothèse d'un sabotage m'effleure dorénavant l'esprit et ne me quittera plus.

« *L'avion* » s'abîme sans jamais plus émerger.

ÉPILOGUE
Vide intersidéral

En date du *18-12-18*, *l'Ogresse aux bras brisés* du Domaine de *Far Far Away©* décide de manière unilatérale, ferme et définitive, de mettre purement et simplement un terme à nos quatre années de *parrainage,* pour « *rupture de confiance* ».

Tout ce que nous avons pris le temps et la patience de tisser à nous deux tout au long de ces années est désormais définitivement réduit à néant. J'ai l'autorisation de venir te dire *adieu,* te saluer une dernière fois, ensuite, je suis priée de continuer ma vie sans toi, de ne plus apparaître dans la tienne, comme si de rien n'était. Dorénavant, je deviens *persona non grata,* décision prise par *l'Ogresse aux bras brisés* du Domaine de *Far Far Away©.*

D'ailleurs, plus tard, la directrice de ton centre ne manquera pas de se faire un malin plaisir sadique de t'avertir de ma future venue (que je n'ai jamais confirmée), afin que tu puisses être maintenu dans une attente, une déception et du ressentiment.

J'ai beau dire que je ne t'abandonnerai jamais, la preuve en est que je suis autorisée par ton centre à te rendre visite, et que malgré cette opportunité, je ne viens pas... Je pense que cette situation est incompréhensible pour toi. Je t'imagine espérer secrètement que la prochaine fois que la sonnette retentirait, ta Marraine surgirait sur le pas de la porte.

Sache que ce n'est pas de gaité de cœur que je n'ai pas répondu à cette « *invitation* ». Tiraillée entre l'envie de te revoir et le refus de te dire adieu ! Que peut-il bien se passer dans la tête d'un enfant de cet âge, à qui l'on vient de gommer la Marraine de sa vie, à qui l'on explique qu'elle ne viendra jamais plus ? Que celle qui t'avait pourtant promis de ne jamais t'abandonner ne reviendra plus ?

As-tu vécu ma disparition soudaine comme un abandon ?

Ma Marraine ma*Ria* m'a délaissée lorsque j'avais seize ans à peu près, et n'a jamais plus donné signe de vie. Elle était apparue

une seule fois, contrainte et forcée, lors d'une après-midi passée ensemble quatre ans plus tard. Je me réjouissais de la revoir. Elle n'a pas caché sa déception en me revoyant, me pensant
plus « comme ci » et moins « comme ça ». Ce court instant tant
attendu passé avec elle ne fut pas un moment de qualité, notre
après-midi à deux ne lui a pas fait plaisir.

Pour « ma Marraine » à moi, c'était un supplice manifestement, je l'ai ressenti ; elle ne s'en est d'ailleurs pas caché ; une
corvée, une « bonne action » pour acter la fin de son marrainage
et de son rôle à mes côtés. C'était probablement sa manière de
me faire comprendre qu'il était préférable pour moi de ne pas
espérer d'autres entrevues.

J'avais vingt ans à peu près, et son abandon m'a traumatisée…
En effet, après ça, nous ne nous sommes jamais plus revues ni
entendues. Elle ne voulait manifestement plus de moi dans sa
vie et a disparu du jour au lendemain sans demander son reste.

Huit ans plus tard, cette deuxième « *maman* », n'a pas rempli
son rôle lorsque le moment fut venu d'accomplir sa mission de
seconde mère, qui lui avait été confiée par mes parents lors de
mon arrivée. Je lui adresse un zéro pointé pour toutes ses années d'absence depuis 2004 à ce jour.

Je n'ose imaginer ce que toi tu ressens suite à la disparition de ta Marraine à sept ans et demi, sans aucune explication de ma part.

Il y a systématiquement deux versions à une même histoire.

Si tu pouvais mettre une des émotions des personnages de « *Vice-Versa©* » sur cet événement, laquelle déciderais-tu de placer au tableau ?

Je trouve ça odieux pour toi, cruel même. Je n'ai aucune difficulté à utiliser le mot « *maltraitant* » dans le cadre de cette prise de décision. En m'engageant sincèrement dans ce projet de parrainage, j'avais la candeur de croire que celui-ci serait taillé sur mesure autant que possible. J'espérais que nous aurions pu évoluer et nous épanouir dans un cadre *flexible* et adapté laissant place aux limites, besoins, souhaits de chacun des intervenantes concernés, en laissant place à l'échange honnête, transparent, à la discussion en vue de trouver des solutions ajustées et personnalisées.

Un encadrement par des services dits compétents est certes indispensable, mais faire preuve d'*inflexibilité* et de *rigidité* est dénué de sens et ne sert l'intérêt de personne.

Dans ce canevas, il aurait peut-être été envisageable d'apporter des pistes, des solutions personnalisées, agencées et actualisées, permettant à chaque partie d'y trouver son compte tout en se dégageant une marge de manœuvre...

Une trame de base, sur laquelle viendraient se greffer les grands axes de nos besoins personnalisés, propres à chaque situation, tant celles-ci sont différentes.

Le parrainage, selon moi, demande d'être sans cesse repensé, adapté dans la mesure du possible pour diverses raisons, qu'elles surgissent de la situation de l'enfant, ou d'une modification dans la famille *de soutien,* ou de tout autre phénomène, épreuves de la vie survenant tout au long de l'aventure.

J'ai l'impression qu'une structure pyramidale, pourtant fort désuète, est toujours d'application. **L'institution sait**, **le *service***

de parrainage sait, du moins les différents intervenants dits « professionnels » dont je fais mention dans cet ouvrage, et ils ne semblent recevoir de leçon de personne, encore moins de la famille de parrainage et de l'enfant parrainé lui-même, qui sont pourtant les acteurs principaux de cette expérience ! Qui mieux que l'enfant et sa Marraine peuvent témoigner de leur vécu ? Mais qui nous a réellement entendus ? Personne.

J'ai autant à apprendre des institutions qu'elles ont à s'enrichir de notre expérience ; chacun dans notre domaine, à notre niveau, mais tous avec *humilité*. Cette *interaction à 360°* est enrichissante, si tant est que l'on se donne la peine de l'appliquer.

Éternelle idéaliste, bien que tombée de mon conte de fée, je ne peux abandonner l'idée qu'un jour, il en sera autrement et que notre histoire ait pu éveiller un tant soit peu les consciences.

Je me suis penchée sur la définition de la maltraitance infantile en 2022 en Belgique, et j'y retrouve certains passages qui me parlent (sans tentative de victimisation ni d'exagération aucune, c'est écrit sur le net).

(…) Chaque cas de négligence d'un enfant qui n'est pas de nature accidentelle, mais due à l'action ou à l'inaction des parents ou de toute personne exerçant une responsabilité sur l'enfant ou encore d'un tiers, pouvant entraîner des dommages de santé tant physiques que psychiques. »

(Définition équipe SOS Enfants Saint Luc)

À bon entendeur...

À cette époque-là, l'enfant **n'a pas été entendu** par des équipes indépendantes (externes à la situation), neutres, impartiales, intègres concernant son ressenti face à cette situation. Je trouve ces méthodes abjectes et inacceptables !

Trois années se sont écoulées depuis notre séparation. *Trop tard, je pense, pour obtenir réparation pour lui, pour moi, pour rattraper le temps perdu…*

Je me demande d'ailleurs si la position, le statut de la directrice qui a pris cette décision ne s'apparente pas de près ou de loin à de l'*abus d'autorité* dans la définition la plus stricte du terme. Les grandes lignes théoriques de ces types de « *services* » et de projets parlent souvent de « *bien-être* » **de** l'enfant (dans son intérêt sur papier. Mais évoquent-elles le bien-être en fonction de ses besoins, de son consentement dans ce cadre-ci ? Ma question reste ouverte à ce jour).

Je n'ai pas d'autre mot. Je ne comprends pas pour quelles raisons cette dame a fait ça, te certifier que j'allais venir te saluer… alors que j'avais décliné « *l'invitation* » pour les raisons détaillées ci-dessous. La directrice voulait probablement rapidement enterrer la situation et passer à autre chose… Gommer purement et simplement. Mais les relations humaines sont parfois plus nuancées qu'un trait d'essai dans une vie.

De plus, c'est inutile, voire cruel, de te maintenir dans l'attente, dans l'espoir en t'annonçant ma venue prochaine, alors que je n'ai pas l'intention de venir, en toute âme et conscience, par manque d'explications claires et transparentes concernant les attentes sans équivoque des uns et des autres par rapport à l'intérêt de cette dernière visite « *d'adieu* ».

Me déplacer dans ton centre en pleine pandémie mondiale de Covid-19, venir les yeux remplis de larmes, les crottes au nez (cachées par le masque heureusement), m'asseoir (ou pas), encadrés par une horde d'éducateurs scrutant mes moindre faits et gestes, débarquer pour te serrer une dernière fois dans mes bras, impuissante, et te faire mes adieux déchirants, tenter de te faire comprendre que je ne voulais pas ça mais qu'on ne se reverra plus, qu'on ne m'en laisse pas le choix, et que je ne peux rien contre cette décision inhumaine, féroce et démesurée. Repartir en larmes, déchirée et impuissante en te laissant là à jamais avec tes interrogations. (Aucune envie de t'infliger – ni à moi d'ailleurs – ce spectacle).

Venir pour te dire que je ne viendrai plus n'a aucun sens.

Me rendre délibérément à ton centre comme si j'acceptais cette décision avec laquelle la directrice semble être tombée d'accord toute seule est au-delà de mes forces.
Je t'ai toujours appris que la violence ne résout rien, heureusement que j'ai été élevée de manière « *psychorigide* », comme l'*Ogresse* le disait (placer un poing sur ce point final me démange) ! Je suis pacifique, fort heureusement. C'est de la torture, un non-sens.

Quel message ma venue t'annonçant mon départ était-il censé t'envoyer ? C'est à ne plus rien y comprendre.

Te revoir oui, bien sûr, avec plaisir, je ne demande que ça, te retrouver, te serrer contre moi, te dire combien je t'aime et que je serai malgré tout toujours là pour toi. Te préciser que, surtout, et ce malgré les apparences, je ne t'ai pas abandonné ; je n'ai plus le droit de faire partie de ta vie. Ça m'est dorénavant formellement interdit.

J'aurais, selon la directrice de ton centre *outrepassé* mon rôle de famille de parrainage. Une place jamais réellement délimitée. Flirter avec les limites de la patience, quelle hypocrisie !

Selon la directrice, je n'avais pas le droit (pourtant autorisé noir sur blanc), de te révéler certaines de **tes** vérités sur tes racines entre autres. J'aurais brisé le lien de confiance qui - sur papier seulement - nous unissait, ton centre et moi...
Bref, un effet *boule de neige* aux conséquences désastreuses, démesurées, dramatiques et irréversibles. Je suis adulte et j'en pleure tous les jours mais toi, mon grand, comment vis-tu cet *arrachage* en secret dans ton cœur ?

Personne ne se décidait à te faire ces confidences, personne ne voulait en prendre la responsabilité, redoutant ta réaction, ton acceptation de la réalité. Personne ne voulait t'annoncer clairement les choses concernant tes interrogations, de peur de...

Le temps passait, tes questions se précisaient, ton comportement se détériorait... Il m'était insupportable de te voir continuer d'agoniser de la sorte (mon plaidoyer à moi-même pour assumer ma légitimité). Ce n'est pas faute d'avoir tiré la sonnette d'alarme pourtant... Malgré mes avertissements, à ma connaissance, rien n'a été mis en place par ton équipe éducative pour soulager tes maux. Rien d'efficace que je sache, en tout cas, au vu de ton attitude qui n'évoluait pas.

Je te considère en tant qu'*être humain en construction*, j'entends tes souffrances, lis ta peine, sens ton insécurité, reçois ton besoin de savoir, constate tes maux, entends tes mots, déplore certains de tes gestes, observe ton attitude, perçois ton malaise/mal-être.

Il m'était insupportable de continuer de me taire, de cacher, de faire semblant, de te mentir... C'est un tout qui m'interpelle à plusieurs reprises et que j'ai naïvement transféré à ton équipe éducative « *pour action* ». Espérant candidement, qu'action adéquate il y aurait eu.

Nous n'avons pas réussi à nous mettre d'accord, *l'Ogresse aux bras brisés* et moi.

Nous sommes en pleine non-conciliation. Résultat, des années s'écoulent sans que nous puissions nous revoir, mon grand. J'en suis désolée, non pas d'avoir pris l'initiative de tenter à ma manière de vouloir alléger ta peine, mais que les choses se soient passées de la sorte.

Quid du *bien-être* de l'enfant à qui l'on arrache du jour au lendemain son seul repère stable et constant ? On aurait pu me donner un blâme, me rappeler à l'ordre, me faire la remarque si j'avais causé à ce point un crime de lèse-majesté. Au pire, j'aurais dit que j'avais « *mal interprété leur accord explicite écrit* » pour faire profil bas, sans leur ressortir devant les yeux leur propre missive électronique.

On aurait pu éviter cette décision létale.

La directrice semble vouloir punir ta Marraine pour je ne sais quel *motif* réel.

À très vite oui ; je garde espoir et rien ni personne ne m'empêchera de continuer d'y croire ni même de t'aimer d'un amour inconditionnel immensément grand.

Pas d'adieu, juste un au revoir mon grand.

Malgré le temps qui passe, l'intensité de mes sentiments sains pour toi est toujours là, ne t'en fais pas. Ça ne change rien à l'amour que je te porte. Notre lien est testé et le sera probablement encore. J'espère que tu as encore gardé une place dans ton cœur pour nos proches et moi ? La liste des *survivants* malheureusement s'est fort émaciée. Encore un dommage collatéral imputé à la décision bornée de la directrice de ton centre…

** * **

Il existe plusieurs types d'amour. Celui-ci décrit le lien unissant une Marraine à son enfant de *parrainage (puis-je utiliser le terme « marrainage » plutôt ?)*. Rien de plus, rien de moins. Juste de l'amour inconditionnel, absolu. Rien ni personne ne changera cet attachement sain et intact que je te porte.

Les écrits restent ; je l'ai bien compris. J'espère que tu disposeras rapidement des tonnes de lettres que je t'ai écrite mais également de cet ouvrage, qui t'est entièrement dédié et qui, je le souhaite, parlera à d'autres. Je n'ai rien trouvé d'autre pour te montrer de manière concrète que mon amour sain pour toi demeure.

Je me demande si tu le liras. Il est difficile, j'imagine, de (re)plonger dans le récit des premières années de sa vie contée par autrui, de rouvrir des blessures plus ou moins cicatrisées, se rappeler ces moments douloureux, qui t'ont peut-être durement aidé à te construire tant bien que mal.

Que gardes-tu en mémoire de tout ça ?

J'ai écrit ces quelques lignes avec le plus de *pudeur* possible, tout en voulant être comprise au mieux.

T'es-tu reconnu dans ce livre ?

Il m'était inévitable d'arracher le pansement d'un coup en plongeant avec toi les mains dans le cambouis mais également de te faire comprendre que notre séparation contrainte n'est pas vécue de gaité de cœur de notre côté.

Il n'y a pas d'urgence, tu as le temps de me lire et seulement si tu le souhaites. Cet ouvrage est destiné à rester, comme une marque indélébile à travers le temps. Il y a mes lettres, mes dessins numériques qui te sont destinés sur *Instagram* (principalement des dinosaures car au moment de se quitter, tu en étais passionné, le tricératops étant ton favori), les photos papier collées soigneusement dans tes albums « *à l'ancienne* », ainsi que ce livre. C'est ce que j'ai trouvé pour te faire prendre conscience matériellement à travers le temps que nous continuons de penser à toi et que je ne t'ai pas effacé de nos vies.

J'essaie de te faire participer au cours de la vie qui berce notre famille, avec son lot de bonnes et de très mauvaises nouvelles malheureusement. En trois années de séparation, il s'en est passé des choses. Je t'explique tout au fur et à mesure dans mes lettres privées, dactylographiées, classées les unes après les autres. Tout n'est pas révélé dans cet ouvrage, le reste nous appartient.

Je continue à t'écrire très régulièrement. La vie ne nous a pas épargnées, il y a bon nombre de changements à te raconter. Malgré tout, à l'image de ton « *arbre génial & logique* », nous nous efforçons de tenir debout, droites, fières et solides en dépit des bourrasques de la vie. Nos courriers des cœurs me manquent... J'ai trouvé cette alternative de les garder chez moi dans des fardes en espérant ton retour.

***

Je fais désormais partie de ton passé, mais il n'appartient qu'à toi d'y replonger... quand tu t'y sentiras prêt. Même si je ne suis pas *immortelle*, mes écrits, mes dessins, et les photos pourront te transmettre tout ce que j'aurais aimé te dire pendant ces longues années d'absence, de séparation. Je continuerai de t'aimer et de te guider au mieux même lorsque je serai une étoile de plus accrochée dans les cieux.

Les écrits restent. Une manière d'être *éternelle* à jamais en toi, dans ton cœur, tes souvenirs, ton âme, ta tête, tes pensées, tes rêves, ton esprit, peu importe l'endroit où tu décides de me faire une place. La *mienne*.

Je pense à toi chaque jour et ne suis pas résignée à t'abandonner.

Je me demande si tu m'en veux de nous avoir plongés dans cette situation ?

Te souviens-tu encore de nous ? Penses-tu à nous ?

Pour ceux et celles qui n'ont pas compris la décision ferme, définitive et unilatérale prise à effet immédiat par *l'Ogresse aux bras brisés*, rassurez-vous, moi non plus je n'ai pas compris cet arrachage.

Une vérité sur *tes racines* énoncée pendant que nous faisions notre bricolage est la cause *officielle* de cette terrible dislocation. Tout s'effondre autour de moi. Pourtant, je suis une adulte. Alors, que se passe-t-il dans le cerveau d'un enfant à qui l'on vient d'inscrire au fer rouge une *nouvelle disparition brutale* dans sa vie ?

Le *service* de parrainage a eu vent évidemment de la décision *de l'Ogresse aux bras brisés* mais ne peut/veut strictement rien faire. Nous poursuivons le marathon de l'inaction. Dès lors que ton centre a mis un point final à notre duo, le *service* de parrainage a retiré toutes ses billes du jeu, me laissant seule face à la situation.

Je me demande quel est le rôle de ce *service* auprès des familles *de soutien,* en fin de compte ? Il ne m'a servi à rien dans ce cas-ci. Je pense qu'arriver à un tel résultat, c'est un échec pour chaque intervenant de ce marrainage qui sur papier, semblait prometteur.

Qui soutient ces familles *d'appui, de secours, d'aide, de renfort* ?

Je n'ai reçu d'aide de la part d'aucun service pour traverser cette douloureuse situation. Errante et livrée à moi-même, ce n'est pas faute d'avoir tambouriné à de nombreuses portes. Aucun service n'a daigné vouloir m'aider, ni même m'entendre ! Je n'ai aucun recours, aucune écoute. Tout ce que je souhaite, c'est trouver un compromis et éviter la séparation avec toi, mon *Poulet Croq d'amour©*.

Je n'ai pas envie que tu penses que je t'ai abandonné, que c'est mal d'en apprendre davantage sur sa propre famille, que l'expression à travers l'art est punissable et qu'exprimer ses tourments nous rend vulnérables.

On dirait que ton centre décide à sa guise d'effacer ou de rajouter des personnes dans ta vie au gré de ses envies. Nous ne sommes pas dans un jeu, bon sang ! Reprogrammer ta carte mémoire en *deletant* son contenu ne fait pas de toi une personne neuve, comme si tu n'avais jamais vécu les sept premières années de vie. On ne *réinitialise* pas un être humain ! On dirait que la directrice de ton centre a *forcé l'arrêt* en procédant à un *redémarrage en mode « sans échec ».*

Quel est le projet, là ? Qu'essaie-t-on de te faire vivre ? Quel intérêt et pour qui ?

Bien souvent quand on rompt un lien, quel qu'il soit, en plaçant dans le motif d'annulation une phrase telle que « *rupture de confiance* » pour motiver une décision, ça sonne plutôt comme un point final. Facile à placer, balayant toute possibilité de négociation et toute nécessité de s'étaler davantage sur la question.

D'ailleurs, dans mon rapport ne figure qu'une seule phrase :

« Nous mettons fin au parrainage de Madame Mammouth dans le cadre du dossier de Poulet Croq ©*- n° matricule ».*

(*noms d'emprunt)

La directrice de ton centre a pris la décision de remballer ta Marraine dans les cartons et de les placer aux archives. Nous sommes à six jours de Noël, que nous nous apprêtions à passer ensemble, comme chaque année.

Une amie et moi avons chargé sa voiture et sommes allées déposer toutes tes affaires, vêtements, jouets, cadeaux pour Noël, vélo, casque de vélo, trottinette, siège auto évolutif, chaussures, peluches... tout ce que je m'étais procuré pour toi au fur et à mesure de ces années. J'estime qu'ils te reviennent.

Ton absence crée déjà un vide immense, alors que ça ne fait que quatre jours que la décision de *l'Ogresse aux bras brisés* est tombée, tranchante telle une guillotine fraîchement aiguisée. Je suis en pleurs et trouve la sentence lourde, disproportionnée, injuste, démesurée, maltraitante, irrespectueuse, impulsive, irrévérencieuse, tant pour l'enfant qu'envers moi. J'ai encore d'autres termes pour vous faire part de mon désarroi, mon dégoût, mon ressenti et ce, malgré les trois années qui se sont écoulées depuis notre séparation. Le *parrainage* prend subitement fin. Une peine sévère avec effet « *immédiat* ».

Reset. Petit saut en arrière...

À partir de ce moment-là, je n'ai plus non plus de nouvelles du *service* de parrainage. On aurait dit qu'ils avaient eux aussi embarqué dans ce même « *avion écrasé* ». Un calme plat s'est abattu lourdement dans ma vie. Tu n'es plus là et l'idée de ne jamais plus te revoir nous glace le sang.

Tous les passagers ont disparu : toi, le *service* de parrainage, l'équipe éducative du Domaine de *Far Far Away©*... Je n'ai aucune nouvelle de personne. Je me sens lâchée, abandonnée. Il règne à présent dans ma vie un gouffre énorme, un silence pesant...

Ton absence se fait immédiatement ressentir et les mots « *ne plus jamais se revoir* » me scient en deux.

Autant la perte de mon embryon m'avait irradié le ventre, autant ta disparition incendie mon cœur.

Je m'interroge sur l'attitude de l'*Ogresse aux bras brisés*. Quel était l'intérêt de prendre une telle décision ? J'ai le sentiment que ça cache quelque chose qui me dépasse...

Cui bono en fin de compte ?

À qui profite cette sévère condamnation ? Ni à l'enfant, ni à moi... Cette question m'obséda pendant longtemps.

En relisant l'ensemble de notre *parrainage,* nous constatons que le *couperet affûté était prêt à trancher à tout moment*... C'est une évidence à présent. Encore fallait-il *juste* un *mobile*... Je le leur ai offert inconsciemment sur un plateau d'argent !

La vraie vie n'est pas un conte de fée, néanmoins, je ne pus m'empêcher de plonger dans l'univers de Lewis Caroll (un des avantages de la culture, elle nous emmène un peu partout à travers l'espace et le temps). Ce passage de notre récit me fait penser à la Reine de Cœur dans « *Alice aux Pays des Merveilles©* ».

Comme si d'un coup, l'*Ogresse* s'était mise à hurler à mon égard :

« Qu'on lui coupe la tête ! »

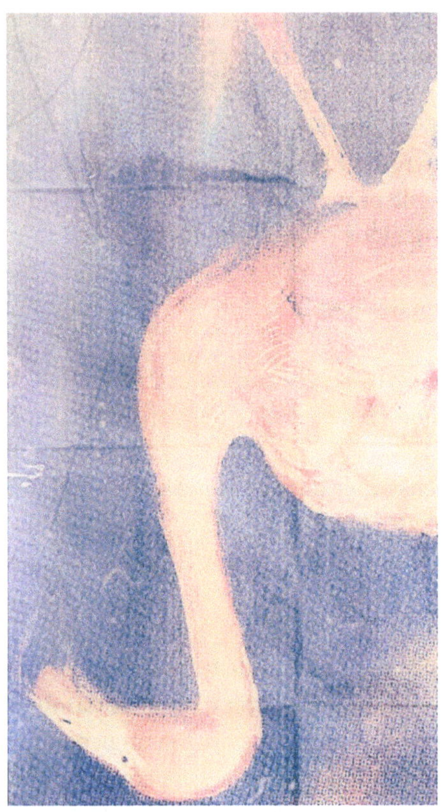

Comme si elle avait pensé à voix haute :

« *C'est bon, maintenant, on la tient, cette Marraine de malheur !* »

Ma tête était mise à prix depuis bien longtemps. Je n'avais rien vu venir ! Avec le recul, pas étonnant que mes missives électroniques restaient la plupart du temps lettres mortes.

J'imagine l'attitude de l'équipe éducative en voyant un nouveau mail de ma part dans leur boîte à courriels :

« *C'est encore la chieuse ; que veut-elle ?* » et de classer mon courrier à la verticale dans les « *sans suite* », les SPAMS, les *indésirables*.

J'ai gardé soigneusement tous nos échanges… Simple intuition. Après tout, les preuves écrites sont incontestables n'est-ce pas, si tant est qu'elles soient prises dans leur contexte. De plus, ça m'aide à me rappeler le cheminement de notre aventure. Personne ne pourra me reprocher de mentir, d'exagérer, de formuler l'histoire en ma faveur, elle est contée de mon point de vue, sur bases concrètes, telle qu'elle a été vécue avec une adaptation rédactionnelle afin de conserver l'anonymat de chaque intervenant… Un marrainage qui a connu ses hauts et ses bas. Ce ne fut pas tout gris, ni tout rose non plus, l'essence même de cette expérience se situe dans les nuances, les détails et non dans ces grandes lignes.

Que l'on ose crier à la *diffamation*… À chacun son interprétation d'un même événement. J'ai beau lire et relire l'ensemble de notre parrainage, en long et en large, dans son contexte et en travers… je l'ai en travers de la gorge, ce goût amer que me laisse encore des années plus tard la *non-gestion* de cette « *expérience* », par des équipes dites « *intègres* » et « *professionnelles* ». Ce n'est pas mon ressenti ni même celui de l'ensemble de mes proches, qui ont partagé ce parrainage avec moi, de l'intérieur.

Les non-réponses (claires, exactes, transparentes, adaptées et personnalisées) à mes doutes, mes questions, mes interrogations, le non-recadrage de l'enfant également (!) et de la situation en temps voulu et non rétroactivement, le non-soutien efficace pendant les périodes plus compliquées à traverser… La liste des *non-actions* adéquates est encore longue pour exprimer cette très mauvaise gestion de fin de parrainage et de l'expérience elle-même tout au long de ces années !

Cette décision finale aurait pu être évitée ! Encore aurait-il fallu que l'envie y soit. Je comprends que l'intérêt était purement et simplement de me retirer de la vie de l'enfant. Lorsqu'il est arrivé au centre situé au milieu de nulle part, il était déjà flanqué de sa Marraine. Nous avons débarqué en duo.

L'équipe éducative n'avait pas d'autre option que de prendre le « package ». Je suivais le bonhomme depuis ses 2 ans et demi. Tôt ou tard il leur faudrait me délester. Peut-être que ces quelques lignes sont inexactes, néanmoins c'est mon ressenti, et il n'appartient qu'à moi ; au-delà de ça, c'est également le résultat final qui m'interpelle…

Avec le recul, j'ai l'impression que mes tentatives vaines d'alerter les équipes dérangeaient plus qu'autre chose en fin de compte, vu que ça n'a servi à rien. Taper dans la fourmilière entraine par moment une remise en question des différents intervenants, de leur système de fonctionnement. J'aurais mieux fait de pratiquer la *rétention d'informations*. Tout ce que j'ai écrit pendant ces années s'est retourné contre moi. Force est de le constater.

En attendant, nous sommes dans une impasse.

J'en veux amèrement à ce système, qui pleure parce qu'il manque cruellement de familles de parrainage (partager des instants de temps en temps avec un enfant, quelques moments ponctuels par mois (ex : weekends) pour une durée indéterminée) et d'accueil (enfant à temps plein au domicile pour une durée indéterminée) pour lesquelles rien n'est mis en place de manière cohérente, structurée, transparente, simple, personnalisée, professionnelle et adaptée afin de les écouter, épauler, orienter, aiguiller, conseiller, soutenir, soulager et encadrer… Je le déplore.

Sans entrer dans ma vie privée, dans le cadre professionnel, je suis en contact permanent avec la dure réalité familiale de certains enfants, qui auraient bien besoin du secours de famille *de soutien*… Mais paradoxalement, avec ces institutions inflexibles et ce manque d'appui aux familles de secours, je ne pourrai malheureusement pas en faire la publicité pour l'instant.

Si par miracle les choses venaient à se mettre en place et à évoluer, tant en faveur de l'enfant que des familles de parrainage, j'en ferai mention car juste c'est juste, ce qui dysfonctionne mérite d'être pointé du doigt, mais ce qui est à encourager vaut la peine d'être épinglé. Aucun système n'est parfait.

Par moments, j'ai l'impression que certaines de ces familles *de soutien* sont démunies à tous points de vue, sans aucune ressource, zone de « *tampon de déchargement* », seules face à elles-mêmes. Des familles épuisées, éprouvées, isolées, dépassées parfois…

Il n'est pas rare malgré la détresse de certains de les entendre dire ceci :

« Non, *nous ça va, comme dans toutes les familles, il y a des hauts et des bas, mais on s'y attendait un peu, on savait que ce ne serait pas simple, on savait dans quoi on s'engageait…* »

Mais sommes-nous suffisamment préparés à accueillir/parrainer temporairement l'enfant d'une autre, l'accompagner, l'aimer, construire avec lui tout au long de son évolution et enfin, le laisser s'en aller ?

En gros, on mord sur notre chique et on assume notre choix même si nous sommes au bout du rouleau, de peur d'être soit jugé, soit incompris. Nous nous taisons.

Assumez *votre* décision car personne ne *vous* a forcé à faire cela.

Je me demande, pour les enfants qui n'ont *plus* de parents, s'ils ne deviennent pas un peu la progéniture de toute la Société ? (Je n'affirme pas que des vérités absolues dans cet ouvrage, entendons-nous bien je soumets mes réflexions, mon point de vue).

Je me demande parfois après coup, ce qui m'a pris de prendre la responsabilité de m'occuper de l'enfant d'autres parents ? Qu'avais-je à prouver ? Et à qui ?

Même si « *nos* » enfants de parrainage nous testent, nous n'avons pas le droit de craquer, de lâcher de peur de lui infliger d'autres souffrances, dont nous serions responsables alors qu'initialement, nous nous étions positionnés en « *sauveurs* ». Quelle pression nous nous infligeons ! Très rapidement nous constatons, que personne ne sauve personne. L'enfant ne me doit rien. J'ai souvent entendu ceci

« Tout ce que ta Marraine fait pour toi… »

Or, il ne m'est pas redevable ; il n'a rien demandé. C'est un choix que des adultes ont fait pour lui, celui de devoir grandir sans ses parents de naissance, de devoir faire de ses centres son foyer, d'être brutalement séparé de sa Marraine, de se reconstruire dans une autre famille de soutien… L'enfant suit ce qu'on lui dit de faire et tente de s'y conformer au mieux. Si tout cela était évitable, je pense, et ça n'engage que moi, qu'il aurait préféré vivre dans une famille de naissance avec une structure équilibrée qui leur convient le mieux. Et ça, rien ni personne ne remplacera ce début de vie difficile.

Certaines famille de *soutien* prétendront par peur, pudeur ou *humilité*, qu'ils s'en sortent, tiennent le coup… (mouais…)

« Jusqu'ici, tout va bien… mais jusqu'où tiendrons-nous le coup avant le point de non-retour ? »

Quand et comment l'éviter ? Est-il inévitable à un moment donné ?

J'aurais peut-être souhaité pouvoir me confier sans avoir *peur* ou *honte*, pouvoir exprimer clairement que je me sens démunie, que je n'ai pas de solution, que je ne comprends pas l'enfant, que je n'en peux plus par moments, que je ne sais pas y faire parfois, que je suis épuisée moralement, physiquement (comme pendant ma grossesse silencieuse, par exemple, et à n'importe quel autre moment quand c'était le cas, d'ailleurs).

Quel service pour entendre mes doutes, me proposer des solutions intermédiaires, plus nuancées, personnalisées, moins radicales ?

À quels professionnels réellement compétent et spécialisés dans l'encadrement et le développement des enfants parrainés et/ou accueillis ainsi que leurs familles de soutien puis-je me confier sincèrement ?

J'aurais eu besoin d'une soupape saine de décompression, d'outils, de lieux et temps de parole adaptés **exempts de jugements**, peut-être *informels*, pouvant accueillir les « trop-pleins » des familles *de soutien*. Des échanges de « trucs et astuces », conseils, témoignages… Un espace bienveillant et émotionnellement *sécure* d'échanges, qui serait mis en place pour nous, grâce auquel j'aurais eu librement le droit d'admettre que je ne m'en sors pas par moments, sans peur d'être fustigée ou culpabilisée. Sans entendre les « *Y a qu'à…* », « *Faut qu'on…* », « *Il suffit de…* » de moralisateurs à la noix !

Pour rappel, le parent parfait n'existe pas, on essaie, on fait de notre mieux.

On y aurait droit à cet encadrement efficace. C'est bien beau d'organiser des réunions formelles, protocolaires, dans lesquelles je ne savais jamais ce que je *pouvais* confier librement ou pas. J'envoyais des missives électroniques avec mes questions, mes doutes, nos besoins, et les résumés de nos weekends quasi en temps réel. Espérant recevoir des pistes adéquates, personnalisées et approfondies au moment où je rencontrais l'une ou l'autre difficulté.

Les réunions formelles, même si elles avaient lieu de manière ponctuelle, demandent beaucoup d'organisation… pour rien, ou si peu. J'ai l'impression que l'on nous dit en gros : « *Débrouillez-vous* », vous avez voulu être famille *de soutien*, vous l'êtes, à présent ne venez pas vous en plaindre.

J'ai l'impression que l'on est systématiquement attendu au tournant, ou jugée inappropriée, nous sommes montrés du doigt, réprimandés, voire durement « *punis* », comme dans le cas qui nous (pré)occupe ici.

Où déposer nos doutes, nos questions, nos trucs et astuces en pleine zone de turbulences, de questionnements, de découragements, d'égarements ? Où oser aborder tout ce qui nous perturbe ? Un espace où souffler et dire « *Zut j'en ai marre, je ne sais plus quoi faire, j'ai tout essayé, rien ne fonctionne, je suis démuni, je n'ai personne d'autre vers qui me tourner* »… Demander des conseils, des astuces… Être écoutés, entendus, considérés, rassurés, soutenus…

Être parent ne s'improvise pas, mais s'apprend… et être *famille de soutien* alors ? On fait comment pour mieux comprendre l'enfant dans ses étapes de développement et ses troubles non linéaires ? J'ai l'impression que l'on est censé tout savoir, tout comprendre (tout accepter ?).

Des familles *de soutien* se taisent, subissent… jusqu'à l'épuisement par manque de ressources, et craquent ensuite, se désolidarisent du projet, claquent la porte (celle-là même que j'ai refusé de passer pour te dire adieu). Elles quittent le projet avec un sentiment d'échec, de ras-le-bol. Atteinte du point de non-retour.

Certaines situations pourraient être évitées si une *zone de décompression efficace*, une *piste de détresse* saine et *sécure* était mise en place et encadrée dans son évolution permanente. Se poser, écouter, entendre, dégager des pistes, rassurer, dédramatiser, temporiser, essayer, expliquer… C'est important d'être entendu, compris, aidé et soutenu !

À me lire, on dirait que je vomis ce livre parce que j'ai le *seum*, que j'enrage toute seule dans mon coin. Or, je sais que sans m'approprier d'autres histoires, j'ai pu malheureusement constater que certains ressentis sont similaires et ce qu'importe le type de projet, d'enfants, de structures familiales ou de services accompagnants… Certains points, étapes, similitudes unissent ces intervenants ayant vécu de près ou de loin une situation de parrainage… C'est plus qu'un simple hasard. Je ne souhaite pas être porte-parole, on ne me le demande pas et je n'en n'ai pas envie, je dégage des pistes qui seront (ou non) exploitées… Seul l'avenir nous le dira.

Tout ce qui compte pour moi pour le moment, c'est te retrouver, mon grand !

Il n'existe pas de manuel ni de *tuto* pour apprendre à devenir un parent convenable, qu'il soit *de naissance* ou *de soutien*… J'ai été écartée de la vie de l'enfant pour « *rupture de confiance* » alors que j'envoyais volontairement et systématiquement des « *rapports* » et « comptes-rendus » détaillés et transparents après chaque weekend parrainé, expliquant mes doutes et mes observations concernant « l'évolution » de la situation de l'enfant. C'est un peu l'hôpital qui se fout de la charité !

Pas question de jouer les « *Calimero* », je ne veux pas de votre pitié ; mais de se demander ce que nous aurions pu mettre en place de part et d'autre afin d'éviter d'en arriver à un tel crash, un tel échec, une telle décision finale extrême ?

Je ne suis pas à l'heure de tirer à boulets rouges, seulement de déplorer une issue fatale aux conséquences lourdes. De mon point de vue d'adulte, je sais de source sûre que l'enfant souffre de cette séparation et j'espère qu'un jour, il aura enfin la parole, qu'il sera entendu !

Je suis adulte et ne comprends pas la décision de la directrice de ce centre, mais mettons-nous un instant à la place d'un jeune garçon de onze ans aujourd'hui, à qui, du jour au lendemain, on a retiré sa Marraine avec laquelle il avait commencé à tisser des liens solides de confiance, progressivement, pendant quatre années de sa jeune vie.

Personne n'est *irremplaçable*, j'en ai conscience, néanmoins, un second « *abandon* » marqué au fer rouge en moins de huit ans sur le cœur d'un oisillon laisse des séquelles *irréversibles*. Je me questionne sur le *message* que cette séparation est censée faire passer à cet enfant de sept ans et demi que tu étais à l'époque ?

Si vous me dites que « *j'aurais pu* y réfléchir avant », je vous répondrai de nouveau qu'avec des « *j'aurais…* », l'histoire ne serait pas la même, bien entendu. De plus, je vous *prête mes chaussures* comme on dit. Enfin, on ne refait pas le passé. C'est un peu le concept de *cas de conscience et d'éthique*.

Comment aurais-je pu deviner que ça se passerait de la sorte, que ça prendrait une telle ampleur en notre défaveur ? Qu'une telle décision si lourde de conséquences se serait abattue sur notre *duo* à peine naissant ?

Au grand jamais je n'aurais pris le risque de perdre cet enfant si précieux à nos yeux, de l'arracher à ma vie ainsi qu'à celle de mes proches. J'aurais dû faire l'hypocrite et adopter la même attitude que bon nombre de familles de *parrainage,* tous services confondus, avec lesquelles j'ai déjà eu l'occasion de discuter ouvertement et pour lesquelles, au risque de me répéter, je me refuse de me faire *porte-parole*. À chacun son combat.

Ces familles qui se taisent, n'osent rien dire, sourient comme si tout allait bien alors qu'elles en bavent, pour ne pas dire autre chose, souffrent parfois seules dans l'ombre, de peur de se confier, d'être jugées, critiquées, mal vues, pointées du doigt comme étant de mauvais exemples à ne pas suivre, de se faire traiter silencieusement *d'incapables, d'irresponsables*. J'ai l'impression qu'on nous impose tacitement le fait qu'en tant que famille de *soutien*, nous devrions *le mériter*.

Si j'avais su tout ça, je me serais tue. Un « *Bonjour. STOP. Au revoir. STOP. On se revoit le weekend prochain. STOP. Oui tout s'est bien passé ce weekend. STOP. Ràs. STOP. Over.* » aurait largement suffi. *Au fond, je me demande si le télégramme est l'ancêtre du SMS (texto pour les lecteurs français) ?*

J'aurais dû en dire le moins possible, cela aurait largement suffi comme communication avec le Domaine de *Far Far Away*© (et avec le *service* de parrainage également).

L'impression d'être seuls, démunis, sans pistes ni solutions est un sentiment revenant fréquemment dans bon nombre de témoignages à cœur ouvert entre *parents de soutien* suffisamment en confiance que pour s'épancher, se livrer les uns aux autres, conscients bien évidemment qu'aucune *solution miracle* n'existe, qu'une astuce ou l'autre peut parfois fonctionner... ou pas. Malgré tout, cette entraide parfois timide, pudique et maladroite entre proches, familles *de soutien* est appréciable.

Les parrainages sont parfois faits *d'essais-erreurs*, à défaut de mieux, mais dans l'idée de faire notre possible néanmoins. En fonction du moment, de l'enfant, de nos limites... *En toute bienveillance et poussé par l'intérêt de l'enfant plus que par l'égo et la satisfaction de se vanter d'y être arrivé...* En effet, cette « *expérience* » est un travail de longue haleine, d'équipe entre l'enfant, les familles *de soutien* et/ou de naissance pour celles faisant partie du projet, les équipes pluridisciplinaires, pédagogiques, éducatives entre autres, pour autant qu'elles soient concernées, consciencieuses et professionnelles.

Naviguer aux instruments dans le fleuve *de la débrouille* n'engage rien de bon, j'estime que si nous disposons d'un service ou autre intervenant professionnel, ils devraient être à même de dégager des pistes et autres solutions afin de venir en aide aux familles *de soutien* en fonction des diverses situations auxquelles nous sommes confrontés, et nous permettre de (ré)orienter au mieux le parrainage tout au long de celui-ci. Si ce n'est pas leur rôle, qui se charge de le faire dans ce cas ?

Adapter le parrainage régulièrement en fonction des besoins des uns et des autres si tant est que cela profite au mieux à chacun. Selon moi, la responsabilité d'être *(en)*cadrant, professionnel et bienveillant incombe aux *services* de parrainage, sans ça, je ne comprends pas leur rôle exact. À moins que ces types de services figuratifs n'aient qu'une utilité protocolaire…

Il existe fort probablement des services plus compétents que d'autres, des travailleurs sociaux plus impliqués et consciencieux que d'autres. Loin de moi l'envie d'enfoncer tout le monde dans le même panier. Mais qui m'a aidé à limiter les dégâts moraux dans cette situation ?

Personne.

Je ne serais malheureusement pas étonnée que ce témoignage fasse tristement écho à bien d'autres. Les épreuves que l'enfant et moi avons traversées ont été vécues par d'autres familles également, et le manque d'outils pratiques, de pistes, d'explications, de cohésion, de cohérence au-delà de la théorie se retrouve.

Par moments, je ressentais à mon égard davantage de tentatives de *culpabilisation* qu'une réelle volonté de me prodiguer des conseils. Avec ça, je n'étais pas plus avancée lors de passages de « *crises* » ou de *passages à vide*… Ni plus avancée lorsque je relatais certains faits et qu'aucune mesure ou piste sérieuse et adéquate n'était concrètement amorcée. La plupart du temps, je n'avais pas de réponses, pas de précisions, ni de feedback… On me laissait avec mes observations, mes doutes et mes questions, mes missives électroniques… probablement lues mais restant sans réponse. Démunie est le terme que je trouve le plus approprié pour le moment...

Il n'existe pas de « *Grammy Awards des parents de soutien d'enfants placés en familles d'accueil/parrainage* », ni de *médailles du mérite*, nous ne sommes pas dans un concours de « *La Meilleure famille de parrainage* ». Les situations sont différentes, les histoires, les jeunes parrainés et même les familles de parrainage ne se ressemblent pas.

L'idée n'est pas de pointer du doigt ceux qui agissent mal, de remplacer chacune de mes phrases par « *moi j'aurais fait ceci, ou cela* ». Là n'est pas la question ; on ne sait pas en fait ce qu'on aurait fait dans une situation semblable. C'est un *non-sens* de se projeter de la sorte ! De plus, ce qui est fait, est fait.

Il est impossible de tout effacer et de recommencer. Mais pourquoi pas, c'est possible d'ouvrir une réelle réflexion concernant l'amélioration à apporter afin de soutenir au mieux les familles de parrainage dans leur projet tout au long de l'évolution du parrainage, non pas avec des *théories psychologiques* et autres *interprétations symboliques* toutes prêtes, mais avec de réels outils de base et autres pistes efficaces, qui viendraient réellement en aide aux familles de parrainage dans l'intérêt du parrainage lui-même, de l'enfant et de la famille et ce, de manière adaptée et suivant concrètement l'évolution du projet en temps réel, en fonction des besoins de l'enfant d'une part, mais également de ceux de la famille *de soutien*. L'enfant et la famille de soutien vont de pair ; ce sont les principaux concernés de cette expérience. J'ai l'impression dans cette histoire que l'enfant est le principal oublié !

J'écris en son nom dans ce livre, à défaut de mieux, mais j'espère très prochainement pouvoir reconstruire notre binôme avec son consentement, pour poursuivre ce projet fauché en plein élan par la décision de la directrice de son centre et qui sait... recevoir son ressenti également. J'espère qu'il pourra un jour prendre *sa* plume et nous conter *son* histoire, telle que lui l'a perçue, vécue. Je garde espoir qu'il puisse lui aussi poser des mots sur toutes ces absences vécues tout au long de sa jeune vie.

Quant à nous deux, nous ne pourrons jamais, au grand jamais, rattraper tout ce temps perdu, mais nous pourrions cesser d'en perdre.

J'ai pu échanger avec des familles *de soutien* qui souffraient ; qui en ont bavé, seules avec l'enfant qu'on leur a confié ; complètement démunies, sans outils, ni personnes de confiance réellement à l'écoute sans jugement, vers qui ces familles en détresse auraient pu se tourner.

Je constate que le fait d'être déjà parent ou pas n'entre absolument pas dans l'équation, car chaque bambin est unique, ces enfants-*là* ont des besoins spécifiques, qu'on ne peut pas anticiper. La personnalité des enfants qui ne sont pas les nôtres se révèle au fur et à mesure, d'où l'importance de pouvoir compter sur des équipes professionnelles efficaces, présentes, proactives, réactives, anticipatives, réellement à l'écoute sans jugement, pour pouvoir nous aider à nous adapter tant à l'enfant qu'à ses nécessités.

J'attends des équipes encadrantes : compétence, professionnalisme, intérêt, transparence, implication, bienveillance, proactivité, réactivité, personnalisation et INTÉGRITÉ !

À la longue, l'épuisement, le doute, le découragement guettent lorsque plus rien ne semble fonctionner et que les ressources viennent à nous manquer. Mis à part le fait que l'on ne m'a rien demandé, je connais un des principes de la nature humaine de retourner son manteau lorsque le vent commence à tourner... Raison pour laquelle je ne me fais porte-parole de personne, je sais juste qu'il y a des familles de parrainage souffrant en silence et se sentant isolées et démunies. Point. Chaque parrainage est bien sûr unique, différent. Personnellement, cette situation m'a tourmentée et éprouvée moralement.

J'aurais pu laisser tomber cet enfant... D'ailleurs, ça en aurait probablement arrangé plus d'un...

Je me demande en fin de compte ce que ce parrainage a apporté et à qui il profite réellement ?

Qu'en reste-t-il, trois ans après cette séparation ?

Ce n'est pas rien de décider de mêler sa vie à celle de quelqu'un d'autre, de présenter mes proches, ouvrir ma cellule amicale et familiale, prévoir des activités le weekend et les adapter au mieux, créer des bricolages, trouver un équilibre, donner sans compter, autant d'investissements d'amour, de temps, d'argent aussi - il n'y a pas de honte à aborder le thème du volet financier.

Dans notre Royaume, parler d'argent met mal à l'aise. Néanmoins, c'est un sujet dont il est important de tenir compte lorsque l'on se lance dans un tel projet. Tout cela de bonté de cœur et d'âme. Je ne regrette rien, sauf la fin. Je me demande si nous étions tous sur la même longueur d'ondes, les différents intervenants du parrainage, l'enfant et moi-même ?

Et dire, mon grand, que j'avais écrit dans mon dossier d'admission que je souhaitais parrainer un enfant placé par le Juge dans une institution, et non un chérubin toujours en famille de naissance, afin d'éviter que mes valeurs et les leurs ne s'entrechoquent...

Comme quoi, on arrive avec des idées préconçues dans l'aventure du parrainage, la préparation n'est peut-être pas suffisamment étoffée.

J'aurais espéré pouvoir t'aider à te diriger vers l'autonomie progressive afin de te faire découvrir le monde dans tes premières années, ensuite t'y intégrer petit à petit en douceur, afin que tu puisses te l'approprier, t'en accommoder et en faire pleinement partie. Te faire comprendre en douceur que le monde n'est pas un conte de fées, mais que lorsque l'on en cerne les codes, il est plus simple de s'y intégrer.

À me relire, j'ai l'impression que je vivais moi-même dans un monde idyllique... sans voir venir le danger. Nous sommes fauchés de plein fouet par la décision *égotique brutale* prise par l'*Ogresse* venant balayer ce que nous étions en train de (re)construire, l'enfant et moi. Je fus lacérée dans ma chair, d'autant de coups de couteau transperçant mon âme et pour ceux et celles pensant que j'exagère pour les besoins de la rédaction, ce que j'exprime de manière mesurée n'est autre qu'une infime partie de ce que je ressens réellement.

Tous ces projets réduits à néant, le lien que nous commencions à (re)tisser patiemment au fil des ans est rompu net. Et ne me dites pas que l'enfant a bien profité du temps passé chez moi. Foutaises ! Nous apprenions tout juste à *nous faire confiance* l'un à l'autre, en quatre ans, nous avions simplement jeté les bases et autres grandes lignes d'un *duo* prometteur avec certes ses hauts et ses bas – dire que tout est beau et rose serait mentir.

Testons à présent la solidité de notre lien et la confiance mutuelle que nous avons appris à nous accorder. Je me repose la question de savoir à quoi ont servi ces quatre années de parrainage ?

Pour en revenir à la décision de la directrice, je ne peux m'empêcher de penser que sa sentence est démesurée et disproportionnée. Concernant notre bricolage, je me dis que se voiler la face, faire semblant et te camoufler la vérité ne mène à rien de sain. Je pense que les enfants ne sont pas stupides ; ils savent, ressentent, devinent, se questionnent, essaient de composer au mieux avec ce qu'ils savent et s'inventent.

Pour quelles raisons dès lors ne leur octroyons-nous pas la possibilité d'accéder à leur propre vérité concernant leurs situations familiales ? Pour quelles raisons devrais-tu te forger sur un mensonge, grandir sur des non-dits, une partie cachée de ta réalité ? De quel droit te dissimuler les seules informations dont nous disposions te concernant ? Dans quel intérêt te cache-t-on dès le début ton ébauche de vie, en t'empêchant de te construire de la manière la plus authentique possible ? Il n'y a pas de honte à avoir un démarrage différent des autres. De quel droit mentir au sujet de tes racines, d'une histoire qui n'est autre que la tienne ?

Je n'en comprendrai jamais le sens. Après tout, tu es tout aussi concerné par la situation familiale à laquelle tu as appartenu, bien que détaché actuellement de ton noyau initial. Il n'en reste pas moins que tu as eu un début de vie commun avec d'autres membres de ta famille. Tu es amené à devoir composer autrement, cette histoire t'appartient, mais en prendre conscience t'aidera probablement à évoluer avec la vérité sur tes racines, et accepter petit à petit de t'organiser différemment.

Te mentir en t'inventant des liens pour te faire entrer au mieux dans les « *cases de la normalité* », je n'en vois pas l'intérêt et ne cautionne pas cette *duperie collective organisée*. Un mensonge par omission reste de la dissimulation et de la rétention d'informations !

Le *Poulet Croq'©* et moi étions confiants en l'avenir, rêvions à de multitudes d'autres découvertes à vivre ensemble et partager en toute insouciance. J'ai mis des années à le rassurer, à l'assurer de ma présence à ses côtés et lui dire qu'il pourrait à jamais compter sur moi, que je ne m'envolerais pas et ne l'abandonnerais pas. Tu parles ! Une seule personne aura suffi pour me faire manquer à tous mes engagements envers cet enfant. Notre *parrainage* fut balayé sans autre forme de procès.

Juger. Juste juger, trancher et condamner.

Comment annoncer à nos proches, à six jours de Noël, que tu ne reviendras plus jamais, qu'ils ne te reverront plus, ne t'entendront plus, ne pourront plus te serrer dans leurs bras ? En effet, je ne suis pas la seule à m'être attachée à toi ; tout le monde ici t'aime plus que tout et pour l'éternité.

Tu as marqué nos vies et nos esprits, de l'avis unanime. Ils n'ont pas pu te dire au revoir, te serrer une dernière fois contre leur cœur ni te souhaiter le meilleur et plein de bonnes choses pour la suite ; te dire que pour chacun d'entre nous, la porte t'est et te sera à jamais ouverte.

Nous t'aimons par-dessus tout et t'attendons...

Le temps file, certains se font âgés, qui sait ce que la vie nous réserve... Je crains que des proches disparaissent, meurent sans pouvoir te revoir avant leur grand voyage. J'ai un mauvais pressentiment. Nous ne sommes pas éternels et ceux avec qui tu as tissé des liens pourraient s'éteindre de la surface de la Terre sans un dernier adieu.

Je t'écris pour te dire que tu nous manques énormément, mon grand. Ton nom n'est pas devenu un tabou ; j'ai décidé qu'on parlerait encore de toi, se remémorerait nos souvenirs, nos anecdotes, tes expressions, tes mimiques et ton humour autant de fois que nous aurons envie de parler de toi, en espérant pouvoir nous créer d'autres souvenirs, plus actuels cette fois.

À travers ces évocations, nous continuons d'espérer.

Quel message cette lourde peine te fait passer ?
Qu'à trop s'aimer, on risque de perdre ceux que l'on chérit ?
Que s'attacher est bien trop risqué ?
Que ceux qui te promettent de ne pas t'abandonner sont les premiers à s'en aller ?
Que tu es le prototype d'un enfant version bêta 5.0, à qui l'on débranche l'âme, le cœur et l'esprit afin de pouvoir te reformater à la guise de caprices égotiques ?
Que les gens sont comme des masques jetables, des couches, des mouchoirs, des protections hygiéniques, des papiers toilette ; qu'une fois utilisés, ils se jettent ?
Qu'on renouvelle les personnes comme on change une ampoule ?
Que les familles sont interchangeables à souhait ?
Qu'exprimer des vérités sur tes racines fragilise ton équilibre et qu'il vaut mieux continuer de te mentir ?
Que tu as raison de ne pouvoir compter sur personne, de peur d'être abandonné ?

À ce jour, mon grand, j'ignore toujours ce que cette leçon de vie est censée nous apprendre. Moi, elle ne m'enseigne rien. Ma rancœur émane du cœur. Je suis au courant que je dois avancer dans ma vie, je m'y attelle mais ça ne fait pas oublier le manque, ton absence, ta disparition. Rien ne console mon cœur de *Marraine*. Tu nous manques toujours autant chaque jour, malgré les trois années écoulées sans toi dans nos vies. J'espère que tu sais à quel point je t'aime et je continuerai de t'aimer toute mon existence.

Un cri du cœur, un cri d'amour.

Je ne t'ai pas abandonné, le sais-tu au moins ?

Nous t'attendons aujourd'hui encore ; notre affection pour toi reste inébranlable. Certains ont emporté avec eux le souvenir de toi dans leur dernière demeure.

J'en ai, des disparitions à te conter à ton retour, mon grand ! Je suis désolée, certains ont fait de leur mieux pour tenir le coup, dans l'espoir de te revoir, mais la vie en a décidé autrement ; ils ont rendu leur dernier souffle. Des proches que tu as bien connus, tant chéris et qui t'aimaient immensément.

Je ne suis pas complète sans toi, pourtant je dispose de tout ce dont je désire.

***

21. Je n'appellerais pas ça combat

Je suis dans un état déplorable depuis cet arrachage. Je me sens vidée, amputée, parfaitement incomplète. Pourtant j'ai trente-cinq ans à ta disparition… toi qui n'en n'as que bientôt huit, que penses-tu réellement de cette situation au fin fond de ton cœur ?

Qu'en comprends-tu ? Pas de ce que l'on t'en a raconté, mais bien ce que toi tu ressens réellement ? Ton cerveau va-t-il créer un lien direct entre le bricolage sur *tes racines* et ma disparition ? Le rapport entre notre discussion honnête et cette séparation ? Je remue ciel et terre pour avoir de tes nouvelles ; des elfes bienveillants m'en donnent. Je suis rassurée et inquiète à la fois.

Tu demandes après moi. Mon cœur de Marraine se serre, pleure, craque.
Ta souffrance est la mienne.

Je savais que d'une manière ou d'une autre, tu saurais me faire passer un message…

Bravo champion ! Je suis si fière de toi. Seulement, je suis coincée là, je n'ai aucun moyen de pouvoir te retrouver, ni même te faire passer le message que tu nous manques et que je fais tout ce qui est en mon pouvoir pour te retrouver.

Les enfants de notre entourage sont abasourdis ; ils demandent après toi, les adultes de mon entourage en parlent ; ils sont bouche-bée ; tous étaient témoins de notre lien, de notre complicité, de notre amour, de notre *duo*. Personne ne comprend. Nous sommes sonnés ; nous avons reçu un coup de massue. Nous pleurons. C'est une famille complète qui est privée de ta présence… *L'Ogresse aux bras brisés* s'en contre-fout.

Noël cette année-là n'était pas le plus joyeux, tu t'en doutes, pourtant nous avions fait tout comme d'habitude, parce que les rituels, ça rassure ; mais il manquait quelqu'un. Toi. Ton quatrième Noël parmi nous, comme si tu avais depuis toujours fait partie de la famille. Et dire que tu *aurais dû être là*, ouvrir tes cadeaux, rire, chanter, raconter des blagues, partager tes fêtes en famille comme nous le faisions depuis que tu es entré dans nos vies.

Nous ne nous en remettons pas.

Quel monstre sans cœur il faut être pour nous priver des fêtes en famille alors que tout était prévu et que tu attendais ça comme nous, avec autant d'impatience.

J'ai eu vent que le bricolage ne t'a pas blessé, « *hasard* » du calendrier, le programme scolaire abordait l'arbre généalogique deux jours après la confection de notre « *arbre génial & logique* » ayant provoqué le crash du *parrainage*. En classe, tu t'es mis à pleurer. Personne n'a cherché à comprendre la raison de ta tristesse, mais je la connais, tu me l'avait confié… Je t'entoure de mes bras virtuels en espérant qu'en fermant les yeux, en écoutant ton cœur, tu sais que je suis là.

Je ne comprends pas à l'heure actuelle pour quelles raisons les programmes scolaires continuent de manière entêtée à faire réaliser l'arbre généalogique, alors que rares sont les familles qui entrent encore dans les cases. Quel intérêt ? Qu'est-ce qu'on s'en fout, du nom de l'arrière-arrière grande tante du côté paternel ! Les casse-têtes familiaux actuels ne permettent peut-être plus de fouiller dans les souvenirs personnels. Je trouve ça indiscret et déplacé.

Mes collègues juridiques et moi-même réfléchissons à une solution… Le *parrainage* n'a pas de statut légal. De ce fait, qui nous représente et nous défend en cas de désaccord ?

Un cas d'étude en matière d'éthique ?

Je décide donc d'imprimer l'ensemble des mails échangés entre le *service*, tes équipes éducatives, la nurserie, le Domaine de *Far Far Away©* et moi tout au long de ces années. Un dossier de 250 pages.

Ce sont les vacances de Noël, j'entame une véritable course contre la montre pour te récupérer, mon grand, que *l'Ogresse aux bras brisés* revoie sa décision.

Je travaille toute la journée, mais dès mon retour à la maison, jusqu'à passer trois heures du matin, je mets en page les quatre cents mails étalés sur quatre années. J'ignore d'où me vient cette résistance. Sans compter les nombreuses nuits blanches que j'accumule pour la rédaction de cet ouvrage.

À *cœur vaillant, rien d'impossible !*

Pendant deux semaines, je ne dors pas, je rédige le dossier la nuit, prends ma douche et vais travailler de suite. Une fois le travail terminé, j'envoie le tout à l'impression. Je reçois un appel me demandant mon accord concernant le coût exorbitant des photocopies. (Ça met mal à l'aise d'entendre parler d'investissement financier, de temps, d'énergie… Je vous comprends, mais c'est un volet à prendre en compte également dans un projet de parrainage, je ne cesserai de le rappeler pour éveiller les consciences. J'aurais pu abdiquer, laisser tomber, il était encore temps d'*abandonner* cet enfant.) J'accepte ; il faut ce qu'il faut. Trois dossiers de deux-cent-cinquante pages impression couleur + deux envois recommandés. Je ne peux pas te laisser comme ça.

Au travail, mes collègues et moi nous souvenons d'un *défenseur* orienté vers le "*bien-être de l'enfant*". C'est exactement ce qu'il nous faut ! Je lui envoie donc une version de mon dossier. Crois-le ou non, j'ai oublié de lui envoyer un mail explicatif pour l'informer de la situation. Imagine sa tête lorsqu'il reçoit un dossier "*anonyme*" de deux-cent-cinquante pages, sans en connaître le contexte ! Sans signe de vie de sa part, j'appelle après les vacances de Noël.

« Madame *Mammouth, je suis content de vous entendre car je reçois un dossier à mon cabinet, sans avoir eu vent de la situation. Vous ne vous êtes même pas demandé si je suis toujours en vie ? Si ça tombe, j'étais mort, vous n'en n'auriez rien su.* »

Il est vrai.

Je suis dans un tel *état de détresse* ; je ne sais pas comment faire pour te récupérer. Deux solutions s'offrent à nous : tenter une approche « *à l'amiable* » ou aller plus loin et entamer des procédures plus formelles. Je n'ai peur de rien, tout ce que je souhaite, c'est te récupérer, mon grand ! Ça me rassure d'avoir un *défenseur* à mes côtés. *Je me sens confiante quant au déblocage et à l'issue de cette situation !* J'ai l'impression qu'il y a au moins quelqu'un qui va m'écouter ! Et m'aider à sortir de ce cauchemar.

Entretemps, j'avais sollicité un *service d'appui*. Le mot « *matricule* » auquel ils ont fait référence pour parler de toi, mon grand, m'a étonnée. Des *matricules, des numéros sur des dossiers…* rien d'autre. La plupart de ces services ne te connaissent qu'à travers des lignes rédigées dans un fichier. Ces services sont débordés de situations familiales complexes et n'ont que peu, très peu de temps à m'accorder. Ils ne nous connaissent pas, ont relu ton histoire en diagonale et s'en sont référés aux brèves conclusions de l'*Ogresse aux bras brisés* mentionnant en une seule phrase la fin de notre parrainage. Point.

Le *Service d'appui* ne voit pas de « situation de danger » dans notre cas et ne souhaite pas intervenir.

Ils sont débordés par la cruauté de certaines familles envers leur progéniture, des enfants en danger qu'il est urgent d'extraire de chez eux pour les placer ailleurs, en famille, famille d'accueil d'urgence, en famille d'accueil ou en centre pour qu'ils soient en sécurité. Autrement dit, il y a énormément de travail. Notre dossier n'est pas critique. Ce service ne pouvait pas faire grand-chose pour moi.

Je me demande toujours sous quel cadre légal est régi le *parrainage* ? Je m'interroge ; des *cas de conscience et d'éthique,* il doit y en avoir beaucoup dans des situations de *parrainage complexe, au bord de l'implosion, de la rupture.* En cas de désaccord, ou de conflit, qui se charge de trancher *avec équité* ? Où se situe la considération du « *bien-être* » de l'enfant dans tout ça ? Agir en fonction de ce qui est bon POUR lui et non par égo ! Qui peut trancher objectivement dans ce combat du *pot de terre contre le pot de fer* ? Je n'ai pas les réponses à mes questions. Il ne suffit pas d'inscrire « **rupture de confiance** » sur un dossier pour s'octroyer le droit d'arracher une Marraine de *parrainage* et son entourage de la vie d'un enfant ! La confiance est très *subjective* et *aléatoire,* comme argument !

À aucun moment, cet enfant n'a été écouté ! Personne n'a pris la peine de se poser et de t'entendre, mon grand. Je sais pourtant à quel point je te manque. Je le sais de sources sûres et bienveillantes. Je n'ai aucun doute sur ce que tu ressens, je le vis au plus profond de moi, et cela m'a été relaté à plusieurs reprises par des tiers…

Quant à moi, je n'ai pas le sentiment d'avoir été comprise ni même entendue. La situation en elle-même n'a pas été consciencieusement analysée. Par manque d'urgence, de temps, de personnel disponible, de lois existantes… Contexte non prioritaire, tu n'es pas en danger. Je l'ai bien compris.

À ce stade, ça me fait une belle jambe d'être famille de *parrainage !* Aucun service ne prend la peine de nous défendre. En parlant de *confiance*… les termes *marqués en rouge* sur mon dossier auraient pu être appliqués au Domaine de *Far Far Away©* de ma part également, concernant entre autres leur non-gestion et leur mauvaise « *communication* ». Comme je l'écris plus haut, ces termes sont très *subjectifs*. Mon éducation, durement jugée de « *frigide* » ou « *psychorigide* », ne me permet pas de m'exprimer pleinement à la hauteur de mon ressenti… Ce n'est pas l'envie qui me manque par moments. Merci à mes parents de m'avoir inculqué la bienséance. Sans quoi je me serais exprimée d'une tout autre manière… probablement moins… diplomatique.

Si j'avais dû noter l'ensemble des services auxquels j'ai été confrontée, comme on le fait pour les prestations des chauffeurs *Uber©*, j'aurais décoché à chacun des services une seule étoile, parce que *zéro pointé* n'existe pas. Aucun d'entre eux sur cette fin de parrainage n'a été à la hauteur de professionnels consciencieux et concernés par la situation. Donner un avis sur le net est un poids non négligeable de nos jours. Dotée d'une certification, *l'envie me démange…*

Le service de parrainage qui nous avait suivis depuis le début entretemps m'a souhaité malgré tout ça, de belles fêtes de fin d'année, entourée de ma famille ! Le comble du foutage de tête !

Sans commentaire, passons…

Des fées continuent de m'informer régulièrement que je te manque. Autant de coups de poignard dans mon cœur de Marraine. Je ne peux malheureusement pas y faire grand-chose. J'apprends par là-même qu'une famille s'est empressée de « *t'accueillir* » alors que ma place de Marraine *envolée* était encore brûlante - cette fameuse famille *Fripon* du début de notre histoire – qui, depuis le commencement, avait les dents et les bras bien longs, s'occupait en réalité de toi à mon insu ! Un double emploi, dont personne ne s'était donné la peine de me prévenir pendant ces quatre années de parrainage, me prenant pour le dindon de la farce ! Je me suis bien fait avoir, en m'impliquant pour rien dans notre histoire, qui était doublée depuis le début ! Je n'ai rien vu venir ! À aucun moment. Pourtant, les signaux étaient gros comme des buildings. Le diable se cache dans les détails, et en remontant le parrainage… cette famille n'était jamais bien loin de notre duo ! J'aurais préféré que l'on joue franc-jeu avec moi ! Nous étions plusieurs sur le coup à graviter dans la sphère périphérique de ta vie !

Malgré le fait que j'étais *ta* famille de *parrainage* bien présente à tes côtés, l'autre famille se permettait de s'occuper également de toi, alors qu'ils n'avaient strictement rien à voir dans le projet. J'ai dû passer des tests pour être ta famille de parrainage, montrer patte blanche, faire inspecter ma maison, présenter un formulaire de bonne santé, un extrait de mon casier judiciaire, présenter mon conjoint, m'expliquer concernant mes projets, mes activités, mon éducation. Et cette famille-là, les parents de ton amie de ta classe de maternelle, passent à travers tout, par *égo, envie, caprice, passe-droit*… j'ignore quelles étaient leurs motivations de te mettre le grapin dessus alors qu'il y a de nombreux *autres* enfants qui ne demandent qu'à être parrainés ! Il fallait nous laisser tranquilles dans la construction de notre duo, ne pas y greffer une autre famille sortie de l'ombre !

Ils jouent exactement le même rôle que moi, en étant parfaitement implantés dans ta vie depuis notre arrivée dans ce centre, à mon insu, sans passer par tous les tests de sélection pourtant obligatoires pour toutes familles candidates au parrainage ! Ils attendaient impatiemment, tapis dans l'ombre, que je fasse un « pas de travers » pour se jeter sur toi en toute illégitimité ! Je trouve ça honteux et le procédé répugnant ! Je suis furieuse !

La famille Fripon ne semble pas éhontée par cette imposture, cette illégitimité... bien mal acquis ne profite *jamais* comme on dit chez nous au Royaume. L'enfant jouit de cette nouvelle famille, une de plus dans son parcours de vie, peut-être sait-il au fond de lui que l'amour inconditionnel qui nous (re)lie n'est pas source de conflit de loyauté, que malgré les épreuves d'éloignement que nous subissons ; nos cœurs restent à jamais grands ouverts l'un envers l'autre.

Je ne peux m'empêcher de me demander quelle famille t'aura le plus façonné, rassuré, apaisé... On dirait bien que j'étais seule à y avoir cru en notre projet, en fin de compte ! Je me sens seule à vouloir réclamer réparation en nos deux noms.

Mon *parrainage* semblait pris très au sérieux pourtant !

On se moque littéralement de moi, passez-moi l'expression, mais là, c'en est trop. Si je devais donner un titre à ce film j'opterais pour « *Une conne en plein milieu du jeu de quilles* » ; quelque chose de cet ordre-là. J'ai l'impression que depuis le début de mon implication dans le *parrainage,* ce rôle secondaire que j'occupe n'a pas été considéré. Si vous décidez de devenir *famille de soutien* pour la reconnaissance, ne dépensez pas trop d'énergie dans vos espoirs !

J'ai l'horrible sensation d'avoir été prise pour une idiote pendant toutes ces années ; l'investissement que je mettais dans ce parrainage réduit à néant. Que garde cet enfant de ces quatre ans passés ensemble ? C'était il y a trois ans. Depuis, il a bien eu le temps de continuer sa vie, se créer d'autres attaches, d'autres souvenirs, perdre espoir que je revienne un jour... Il a cessé de scruter la porte d'entrée dans l'attente de me voir passer le pas de la porte, se tissant d'autres liens de confiance, s'acclimatant à sa nouvelle « famille ».

Le concept de *familles interchangeables* ! Je ne comprends pas le message que l'on essaie de nous faire passer en te remplaçant du jour au lendemain toute une cellule familiale. Comme si tu en étais à ta énième *greffe familiale* ! Ça n'a strictement aucun sens ! *Comment veux-tu t'enraciner sereinement et durablement en étant régulièrement ballotté ?*

Savoir que tu demandes régulièrement après moi me redonne la force. Nous allons y arriver ; je garde espoir. Je ne reçois aucun soutien, d'aucune structure, bien que je frappe à toutes les portes. Un vrai cauchemar. Aucun service n'a été efficace, ou utile dans le dénouement de cette situation complexe. Laisser pourrir la situation dans l'espoir que je m'épuiserais, que je jetterais l'éponge, disparaîtrais à jamais de moi-même, tête basse sous le poids de la culpabilité d'avoir fauté et d'être seule responsable de la situation dans laquelle nous sommes. Comme si « *fatiguer le poisson* » allait suffire à m'éliminer naturellement de ta vie. La sélection naturelle...

Le statut de *famille de parrainage* me donne l'impression de n'être qu'un rôle secondaire, sans aucun poids d'un point de vue législatif. Désormais, une fois éjectée de la vie de l'enfant, je n'ai plus voix au chapitre. J'ai entendu que tu profites bien dans ton nouveau greffon familial. Tant mieux, à vrai dire, il ne manquerait plus que ça ! Il n'empêche que l'absence de notre *duo* crée en toi une *carence affective*, je te manque.

Mon *défenseur* réussit par miracle à nous décrocher un rendez-vous avec le *service de parrainage* et *l'Ogresse aux bras brisés*. Je fulmine, ne décolère pas, mais ce que je veux, c'est te récupérer, poursuivre ce que nous avons entamé. Je mordrai sur ma chique pour faire bonne figure et ravaler ma rage afin qu'elle ne leur saute pas au visage telle une grenade dégoupillée, car à force d'accumuler le sentiment d'injustice, il bout tel un volcan en phase plinienne.

Je ne perds pas de vue que tu évolues, grandis ; je m'adapte ; j'ai hâte de découvrir le garçon que tu deviens. Tu es une personne avec un esprit, un cœur, une âme, des souvenirs, des émotions, des souhaits… et non un pion sur un échiquier que l'on déplace à la guise de *caprices égotiques*.

Je souhaite te *(re)*découvrir tel que tu es devenu. T'aimer pour celui que tu es et non pour les souvenirs de nous que je chéris tant. Avoir une version *actualisée* de toi, en quelque sorte. Une mise à jour.

Le *parrainage* comporte, bien entendu, ce risque de disparaître de la vie de l'enfant à un moment ou un autre de son parcours, pour une raison ou une autre. Mais pas ainsi ! Je ne m'y fais pas. Les choses ont été très mal faites !

Je continue de t'écrire une lettre chaque semaine en moyenne ; « *Cars©* » a laissé depuis longtemps sa place à des dinosaures ; c'était une demande que tu m'avais faite avant que notre *duo* n'ait été brutalement disloqué.

Lorsque la farde des dinosaures sera terminée, je décorerai mes lettres suivantes avec des poissons de toutes les couleurs, de toutes les formes aussi selon ton souhait. Avant notre séparation, c'était également une de tes demandes. Le monde dans lequel nous vivons est si riche que j'ai de quoi voir venir pour plusieurs années !

Avant notre séparation, je t'avais fait une promesse ; que je tiendrai, ne t'en fais pas. Je n'ai pas oublié ! Je ne sais pas si tu t'en souviens, nous devions aller visiter quelque chose ensemble. Je sais que tu as une excellente mémoire et ne serais pas surprise que tu te le rappelles. Je ne serai pas déçue si tu as oublié. Ça te fera une surprise, sauf si tu y es déjà allé entre temps… Je ne sais pas.

Lors de cette réunion de pure formalité, j'ai enfilé un *masque* ; non pas chirurgical (la Covid ne s'était pas encore invitée pleinement dans nos vies), mais celui du *Joker©,* comme me surnomma mon défenseur après cette assemblée. J'ai ri, car ça donnait vraiment ça !

Lors de cette entrevue, j'étais calmement calée dans le fauteuil. Au fond de moi, mes émotions étaient semblables à l'atmosphère *jovienne* ; mélange de phénomènes actifs (calme, souriante et posée en apparence mais bouillonnante, fulminante, à l'intérieur).

Le *service de parrainage* était représenté par deux dames, qui s'en sont lavé les mains, déclinant toute responsabilité. *L'Ogresse aux bras brisés,* quant à elle, fait l'inventaire, selon son point de vue, de l'ensemble de la situation concernant ces quatre années de *parrainage.* Curieusement, rien n'allait, du début à la fin : tout, absolument tout ce que j'avais mis en place a été critiqué de A à Z ! Elle s'est trompée de frère, comme l'avait fait la psychologue au début de notre histoire, au téléphone lorsqu'elle m'avait brièvement présenté l'enfant. Concentrons-nous bon sang ! (Le centre est une très petite structure, avec peu de jeunes).

J'apprends lors de cette réunion un tas d'horreurs, allant de mon « *instabilité* » sentimentale (si ça, ce n'est pas un jugement sans avoir porté mes chaussures), aux activités jugées ennuyeuses que je prévoyais chaque weekend pour l'enfant, en passant par mon déménagement prévu, mais qui n'aura pas eu lieu finalement... Chaque point relaté en toute confiance et transparence tout au long de ces années de *parrainage* à travers mes missives électroniques a été épinglé et critiqué par *l'Ogresse aux bras brisés.*

Elle prétend également m'avoir eue au téléphone à plusieurs reprises pour me signaler que mon implication dans le *parrainage* ne leur convenait pas. J'ignore à qui cette dame a bien pu parler car ni mon opérateur téléphonique ni moi-même n'avons de traces et de souvenirs de ces mystérieuses conversations *fantôme*... À aucun moment ces supposés appels téléphoniques ne figurent dans mes relevés téléphoniques. Je me demande bien à qui elle pense avoir parlé ?

Bref... Passons.

Concernant l'ennui supposé qu'auraient généré les visites aux musées, aux expositions, au théâtre, à la culture en règle générale, face à ces attaques frontales, je tombe des nues, descends de mon petit nuage, sors brutalement de mon conte de fée. Ce ne sont pas les « gentils » contre les « méchants », les « bons » contre les « mauvais », mais j'ai le sentiment que, du conte d'où j'ai été catapultée, j'atterris dans le combat de David contre Goliath... Une lutte perdue d'avance, tant les priorités des uns semblent à mille lieues de celles des autres dans ce huis-clos.

Ni le centre, ni le *service de parrainage*, ni l'enfant, ni moi-même n'avons réussi à nous accorder. Les rendez-vous de franches rencontres, de réelles batailles vers un objectif commun ont été manqués pendant toutes ces années. Concernant les visites des musées, que les représentantes des deux services présents à la réunion ont jugé ennuyeuses, je pars du principe qu'il n'y a pas d'avenir sans (connaissance du) passé, tant pour l'Histoire avec un grand « *H* » que pour les nôtres. Ça me rappelle mon point de vue sur l'utilité de réaliser un arbre généalogique en classe...

Covid-19 et ses conséquences ne sont pas encore tout à fait installés dans nos vies, je souris à chaque fois que je lis ce slogan ;

Les expositions, musées et autres ont le pouvoir de nous rendre moins *égocentrés*, de nous tourner vers le monde, non pas qui nous entoure, mais celui dans lequel nous évoluons et sommes pleinement impliqués. Nous faisons partie intégrante de ce monde-là, et le découvrir à travers la culture, c'est également l'apprivoiser. La plupart des musées fournissent des efforts pour rendre leurs expositions didactiques et interactives adaptées aux plus jeunes.

Grâce à l'accès à la culture, je te permets une ouverture d'esprit (qui n'est pas une fracture du crâne – la blague n'est pas de moi, mais je la trouve adéquate), la découverte de la diversité des espèces passées, présentes et futures. Aller vers l'information, enrichir tes connaissances et ton vocabulaire... Voyager à travers l'espace-temps pendant un moment passé au musée, aux expositions ou au théâtre... De plus, le prix des tickets pour les jeunes est intéressant et ça vaut la peine d'en profiter.

On apprend tous les jours. Pour le bonhomme curieux que tu es, je ne vois aucun mal à t'ouvrir ces portes-là. Si ce n'est pas entre trois et sept ans et demi que tu découvres la culture, quand le ferons-nous ? Je n'ai pas compris les reproches de ces dames.

Sur le moment, j'ai été blessée, car je me réjouissais de chercher des activités susceptibles de t'intéresser, et plus tard, nous les planifions ensemble. Sauf pendant ta période que j'assimile à une « *mini-dépression* », où tu trouvais tout « *nul* ». Mais à part ça, je te trouvais très souvent intéressé par nos visites. Toutes n'étaient pas réussies, mais ça fait partie de l'expérience des moments partagés. Tu voulais tout voir, tout apprendre, tout comprendre. Je n'oublierai jamais ta sagesse et ta patience lorsque nous avions fait une heure de file pour voir l'horrible exposition Van Gogh à Mons. Une expérience traumatisante pour nous, malgré les merveilleuses œuvres qui y étaient présentées. Cette exposition-là n'était pas du tout adaptée pour les enfants, pourtant, tu as été sage et tu t'intéressais à tout.

Le reste fut une affreuse expérience violente pour moi, pour des raisons indépendantes des œuvres exposées... Quel souvenir effroyable.

J'encaisse, sans comprendre ce que cherche l'équipe pluridisciplinaire présente autour de la table ronde. Juger mes propositions de sorties « *ennuyeuses* » parce qu'elles tournaient autour de l'ouverture à la culture, je me dis qu'elles étaient complètement à côté de la plaque. Avec le recul, je ne regrette pas de t'avoir ouvert à la diversité culturelle. Tu en feras ce que tu voudras, mais ne pas le faire aurait été une erreur.

Il existe autre chose que les *magasins* et les *écrans*. Je me réjouissais de trouver des activités diversifiées. Quelle souffrance, d'entendre des années plus tard de la part de ces dames, que ce que je te proposais était jugé ennuyeux. Je me sens ridicule d'un coup.

Je suis blessée.

Pour une raison que j'ignore encore, subitement, mon *défenseur* brandit le dossier de deux-cent-cinquante pages que je lui avais envoyé et le pose sur la table ! Je serre les dents car ce dossier je le lui avais confié ; il n'avait rien à faire posé là. Mais quelle idée ! J'aurais dû écrire « **confidentiel** » dessus, mais bon, cela tombait sous le sens ! J'ai trouvé son *initiative* irréfléchie !

Voilà mon document exposé à la vue de tous !

Ce dossier imposant a braqué tout le monde, surtout *l'Ogresse aux bras brisés*, si bien que la directrice n'a pas manqué de montrer son étonnement en demandant si j'avais fait « *une analyse de cas de conscience* » (ce sont ses mots), précisant au passage que j'avais *mis un doigt dans un engrenage qui me dépasse*. Cette phrase semblait siffler telle une baffe - ou un avertissement ?

Les intervenantes sociales et la directrice sont restées braquées sur cet intriguant et imposant dossier, se demandant probablement ce qu'il comportait. On a perdu tout le monde-là. Leurs pensées sont ailleurs...

Je suis consciente des mises en garde de *l'Ogresse aux bras brisés*, je l'avais parfaitement compris depuis de nombreuses années. J'ai l'air bête comme ça, mais j'observe énormément. Et ce n'est pas parce que je ne dis rien que je dors... J'étais à mille lieues de penser par contre, que mon parrainage était doublé par une autre famille ayant échappé aux mailles du filet… ça je ne l'ai pas vu venir, dissimulée, tapie à l'affut dans mon angle mort, mais j'avais bien remarqué que j'étais plus ignorée qu'autre chose. En y réfléchissant bien, notre binôme est arrivé déjà constitué de la nurserie au Domaine de *Far Far Away*©.

J'ignore pour quelles raisons intrinsèques la famille *Fripon* s'est octroyé le droit de mettre la main sur toi, alors que tu étais déjà doté d'une Marraine ainsi que de l'entièreté de ma cellule familiale et amicale. Je ne comprends pas non plus l'intérêt que ton centre avait de permettre, cautionner une telle pagaille, en prenant part (ou en orchestrant) cette fourberie par de troubles procédés malhonnêtes. Avouez c'est confusant (pour ceux qui ont la *référence*).

Qui Bono en fin de compte ?

Leur rôle fut d'infiltrer ou soutenir une seconde famille de soutien présente en *filigrane* dans ta vie, alors que j'étais déjà impliquée auprès de toi. Ça n'a aucun sens, aucune cohérence.

Les participants à cette table ronde m'avaient déjà enterrée, ne pensant pas que je sortirais d'outre-tombe deux années plus tard… Surgissant de l'angle mort. (J'aimerais avancer le temps et assister à leur étonnement lorsque ce livre qui t'est pleinement dédié tombera dans leurs mains…)

Se confronter à un système, à des infrastructures s'avère être un combat compliqué et perdu d'avance (le pot de terre contre le pot de fer). Je n'ai pas envie de perdre de mon temps ni de l'énergie pour convaincre quiconque ; mon objectif est ailleurs.

La directrice s'adresse principalement à mon défenseur, alors que je suis là. Je n'ai encore jamais été confrontée à quelqu'un qui adoptait un tel comportement. Je n'ai pas compris la « ligne de défense » de mon défenseur (il y en avait-il une ?). Mes seules preuves ainsi exposées aux yeux des parties adverses ! Il me fut difficile de desserrer les dents.

Néanmoins, suite à cette réunion, j'obtiens tout de même - par je ne sais quel miracle - la permission de t'envoyer du courrier directement au Domaine de *Far Far Away* ©... À ma plus grande joie !

Confiante, j'envoie donc une première lettre *neutre*, car je sais qu'elle sera vérifiée par tes équipes éducatives (malgré le fait que tu saches lire à présent). Je demande plus tard par missive électronique si tu as bien reçu mon courrier par voie postale.

L'Ogresse aux bras brisés me répond par l'affirmative et m'explique que ce courrier t'a fait plaisir. Encouragée par cette lueur d'espoir, j'enverrai encore deux autres colis par la suite, avec des bonbons, l'un d'eux avec un cadeau… Je n'ai jamais, jamais plus reçu de réponse. Ni accusé de réception, ni remerciement ni courrier de ta part. Juste plus rien.

J'ignore si tu les as bien reçus, ce que tu en as pensé, si ça t'a fait plaisir, si le petit cadeau était à ton goût ? Ou au contraire, si tu t'en fous.

Découragée, j'abandonne, je laisse tout tomber, toi, mes espoirs, mes tentatives de communication… Lassée d'être prise pour une idiote, une imbécile. J'avais cru, après cette ultime réunion inutile, que nous avancions vers une ébauche de compromis.

J'ai tout fait en double. Si tu n'as jamais reçu mes colis, j'ai les mêmes à la maison… ainsi que les lettres, bien entendu, toutes classées précieusement dans tes fardes à courrier. Le défenseur trouvait ça curieux que je t'écrive des missives chaque semaine, sans te les envoyer. Mais je savais parfaitement bien qu'elles ne te seraient pas remises. J'ai suffisamment fréquenté ton centre pour savoir que tu ne les as pas toutes reçues et que, pour plus de sécurité, il était préférable que je les entasse chez moi. Je me dis qu'un jour, tu auras plaisir à toutes les découvrir, les lire, revivre tout ce que tu n'as pas pu partager avec nous pendant nos années de séparation…

Je voulais que tu comprennes que tu continues de faire partie de notre vie et que malgré tout, je pense à toi tous les jours. Nous continuons tous de penser à toi. Aujourd'hui encore. C'est bien de le dire, mais c'est la seule manière concrète que j'ai de te faire matérialiser nos pensées allant vers toi. J'espère de tout cœur que tu pourras tout lire à ton aise, que ça te fera plaisir de nous lire.

L'appel au défenseur n'a finalement strictement servi à rien, juste à me rassurer d'être représentée par quelqu'un mais ça n'a rien apporté. La procédure infructueuse et fort coûteuse a duré longtemps (pour rien du tout). Je ne suis pas plus avancée. On aurait dit qu'il s'était laissé impressionner par l'*Ogresse aux bras brisés*. Je ne le saurai jamais.

Après tout, le parrainage ne dispose d'aucun statut légal, personne ne peut nous défendre dignement. J'ai pensé me rendre au tribunal, mais ça ne mènerait pas plus loin... Porter plainte face à une institution du Royaume pour « non-considération du *bien-être* de l'enfant » trois années après la séparation n'a aucun sens. Je suis sans recours. Cette démarche rétroactive me semble inutile. J'aurais perdu.

Depuis, j'attends juste un miracle... Je n'ai plus d'autre recours que l'espoir de te revoir un jour. Et de t'attendre. Je ne baisse pas tout à fait les bras et ne revois pas mes espérances à la baisse.

J'ai pleinement conscience que tu n'es plus le petit bout de 2018 ; que tu as treize ans aujourd'hui ; j'essaie d'être une Marraine dans le coup, pour mieux te retrouver et m'adapter à ton évolution. Je me renseigne sur les centres d'intérêt des jeunes de ton âge...

J'essaie de rester tendance, « *in* » comme on dit de nos jours (à moins que ça ne se dise déjà plus ?)

Hâte de découvrir celui que tu deviens, mon grand, et refaire par-tie de ta vie !
Je m'adapterai à celui que tu es et non à l'image de celui que j'ai dû quitter.
J'apprendrai à (re)faire ta connaissance.
Nous ne pourrons jamais rattraper ce temps volé mais nous pourrons, je l'espère, réapprendre à nous découvrir, continuer à nous aimer.
Avec l'amour inconditionnel qui nous lie, tout est possible.

Depuis toujours, j'applique ce dicton à la lettre :

« Laisse-les croire que tu dors ! »
(auteurice non connu.e)

J'ai parfois l'impression que dans un tel projet, il est implici-tement demandé aux familles de *soutien* d'être *méritants* et *re-connaissants*... comme si nous recevions une *faveur* de la part du *Royaume*. *Alors que chacun en tire bénéfice en fin de compte, le Royaume, l'enfant, sa famille de parrainage, la société en règle gé-nérale plus tard, car se sentant aimé, accompagné, encadré, rassuré, guidé par une famille de référence, l'enfant, futur adulte, peut évo-luer en étant affectivement balisé et sécurisé, conseillé, protégé, reca-dré, encouragé à faire de son mieux... En tirant la sonnette d'alarme à plusieurs reprises, je me suis fait tirer dessus à boulets rouges... or, on ne tire pas sur la messagère !*

À présent, une âpreté s'infiltre en toi tel du poison et se propage dans ton fort intérieur à mon encontre, sans avoir pu l'évacuer sainement... Et pour cause...

Pourtant, tu sais où me trouver !

Is fecit, cui prodest.

Je considère plutôt le parrainage comme un partenariat Win-Win impliquant le concours de chaque intervenant concerné de près ou de plus loin dans la seule sollicitude commune, l'intérêt de l'enfant. Pour l'enfant.

Quant à toi, mon grand, à part l'absence d'une carte mère, qui marqua le point de départ dans ta vie, force est de constater qu'il en faut du monde pour remplacer une *seule personne* ! Mis à part tes parents de naissance, nul n'est irremplaçable ; nous aurions parfaitement pu nous compléter les uns les autres sur la durée pour t'aider au mieux à tenir debout et poursuivre ta vie, entouré de tes piliers bienveillants si tant est que la situation est posée de manière cohérente, claire, transparente et avec le libre arbitre de chacun.

Je regrette amèrement la décision prise par *l'Ogresse aux bras brisés.*

Bruxelles, 2022.

À mon Poulet Croq',

Sache que je continue pour toi ; je ne t'ai pas abandonné, je ne *(te)* laisse pas tomber, je continue d'espérer te retrouver un jour dans la paix, l'amour et la sérénité.

Aujourd'hui, tu as douze ans passés ; je souhaite t'offrir cette courte tranche de vie.

Je t'aime d'un amour infini.

À très vite !

La porte t'est et te sera à jamais grand ouverte avec bien sûr les mêmes règles à la maison.

Je sais que tu nous retrouveras un jour ou l'autre (peut-être à vélo, qui sait).
    Alors note bien ceci, quand le moment sera venu pour toi :
    Pour me localiser, voici un indice que toi seul pourras déchiffrer. Je suis sûre et certaine que tu es capable d'y arriver !

« Peu importe la planète sur laquelle tu erres, lorsque tu es prêt, entame ce chemin ; il te mènera à moi :

Terre ; 27,000 Années Lumières – en sortant de la bouche du Cannibale-Est *– puis « toujours tout droit jusqu'à l'étoile du matin » (inspiré de Peter Pan©)- au carrefour prends ensuite la direction Ouest et suis ton cœur ; il connait le chemin. Écoute-le rythmer trente de tes pas sur la mélodie de Finlandia.*

    Lorsque tu arrives, je serai là, moi ou un voisin. Jacques a dit ferme les yeux et suis ton cœur ».

Ta Mammouth qui t'aime infiniment... La suite de cette phrase tu la connais ; ce code entre nous, je suis sûre et certaine que tu te le rappelles toujours...

Les rituels qui rassurent...

À suivre...

Face au mutisme et à la surdité volontaires des différents intervenants, je prends ma plume pour vous conter notre histoire, dans l'espoir qu'elle puisse parler aux Institutions du Royaume, aux parents et futurs parents *de soutien*, aux enfants parrainés et ceux l'ayant été, ainsi qu'à toute personne éprouvant le besoin de lire ces quelques lignes. Et bien sûr, je m'adresse à toi mon grand, mon *#numberone*, *my lovelybaby*... mon *Poulet Croq'* d'amour...

Bruxelles, 2 mai 2021
07h54

Le coup de fil tant redouté m'arrache à mon semblant de sommeil.

C'est terminé, il a rendu son dernier souffle vaincu par la maladie durant laquelle il s'est dignement battu en voulant s'assurer que tout ira bien pour nous, que nous serions capables de poursuivre la route de nos destinées sans lui. Je suis au regret de t'annoncer mon grand, que la Pandémie Mondiale Covid-19 ayant balayé nos vies a durement frappé notre famille...

Je me dois de te faire part du sommeil éternel d'une autre personne à qui tu tenais énormément et qui t'aimait plus que tout. À notre plus grand regret, suite à la décision inflexible de l'Ogresse aux bras brisés, vous avez été privés de l'occasion de vous dire adieu. Sache que cette personne t'a aimé du premier jour où tu es entré dans nos vies, jusqu'à son dernier effort pour combattre la maladie.

Mammouth.

Merci à Isabelle Fable ma
correctrice avisée & talentueuse.

L'autrice/L'auteur

Artiste solaire née dans les îles, l'auteure vit et
travaille à Bruxelles depuis l'enfance. Après trois
ans d'étude d'illustration à l'ARBA-ESA (Académie
Royale des Beaux-Arts de Bruxelles – École supé-
rieure des Arts), elle se dirige vers des expressions
plurielles allant du dessin, à la photo, en passant
par l'illustration, la peinture, l'art et les collages
numériques. L'artiste prend souvent un malin plaisir
à mélanger plusieurs styles graphiques dans une
même illustration. Ses récits quant à eux sont sans
détours et poussent le lectorat à remettre certaines
de leurs certitudes en question. L'art fait partie
intégrante de sa personnalité. En 2016, elle illustre
elle-même ses histoires pour enfants. Spontanéité,
simplicité et singularité caractérisent son univers.
En 2021, elle prend sa plume pour témoigner de
son expérience en tant que famille de parrainage.
Deux ans plus tard ÀMPC voit le jour.